AF324009

AUTENTICHE RICETTE DI VINO IN UMIDO

2 IN 1

100 RICETTE SENZA SFORZO

ERICA SABA, MARA FLUMINI

INFUSI DI VINO: ABBINAMENTO AL CIBO CON IL VINO

50 RICETTE FACILI E VELOCI

ERICA SABA

forma senza l'autorizzazione scritta espressa e firmata
dell'autore.

INTRODUZIONE

Infondere il vino può essere un piacere e un esaltazione del buon cibo, del bere e del buon pasto! Quando il vino viene riscaldato, il contenuto alcolico così come i solfiti scompaiono, lasciando solo l'essenza a conferire un sapore sottile.

La prima e più importante regola: usa solo vini nella tua cucina o bevande che berresti. Non usare mai vino che NON BERERESTI! Se non ti piace il sapore di un vino, non ti piacerà il piatto e la bevanda in cui scegli di usarlo.

Non usate i cosiddetti "vini da cucina!" Questi vini sono tipicamente salati e includono altri additivi che influiscono sul gusto del piatto e del menu scelti. Il processo di cottura / riduzione farà emergere il peggio in un vino inferiore.

Il vino ha tre usi principali in cucina: come ingrediente per la marinata, come liquido di cottura e come aromatizzante in un piatto finito.

La funzione del vino in cucina è intensificare, esaltare e accentuare il sapore e l'aroma del cibo, non per mascherare il sapore di ciò che si sta cucinando, ma piuttosto per fortificarlo.

Per ottenere i migliori risultati, il vino non deve essere aggiunto a un piatto appena prima di servire. Il vino dovrebbe cuocere a fuoco lento con il cibo, o la salsa, per esaltarne il sapore. Dovrebbe cuocere a fuoco lento con il cibo o nella salsa durante la cottura; man mano che il vino cuoce, si riduce e diventa un estratto che aromatizza.

Ricorda che il vino non appartiene a tutti i piatti. Più di una salsa a base di vino in un unico pasto può essere monotona. Usare il vino sta cuocendo solo quando ha qualcosa da contribuire al piatto finito.

<h1 style="text-align:center">VINI INFUSO</h1>

1. Vino Bianco Infuso Di Sangria

ingredienti

- 1/2 lime
- 1/2 limone
- 1 pesca
- 1/2 mela verde
- 1,5 tazze di vino

Indicazioni:

a)   Assicurati che il vino sia almeno a temperatura
     ambiente o leggermente più caldo.

b)   Strofina leggermente la parte esterna del lime e
     del limone, quindi rimuovi la scorza con un
     pelapatate o uno zester. Assicurati che anche poco
     o nessun midollo si sia rimosso, usando un coltello da
     cucina per rimuoverlo. Strofina leggermente la
     parte esterna della mela, quindi tolta il torsolo e
     tagliala a cubetti grossolanamente. Strofina
     leggermente la parte esterna della pesca, quindi
     elimina il nocciolo e taglia la polpa grossolanamente.

c)   Mettere tutti gli ingredienti nel sifone da montare
     con il vino. Sigilla il sifone da montare, caricalo e
     agita per 20-30 secondi. Lascia riposare il sifone
     per un minuto e mezzo in più. Metti un asciugamano
     sopra il sifone e sfiatalo. Aprire il sifone e
     attendere che smetta di gorgogliare.

d)   Filtrare il vino se lo si desidera e lasciare riposare
     per almeno 5 minuti prima dell'uso.

2. Arance e fichi al vino rosso speziato

Ingrediente

- 2 tazze di vino rosso

- 1 tazza di zucchero

- 1 Pezzo Bastoncino di cannella

- 4 Anice stellato; legati insieme con

- 4 Baccelli di cardamomo; legati insieme con

- 2 Chiodi di garofano interi

- 6 grandi   Arance Navel; pelato

- 12 Fichi secchi; dimezzato

- ⅓ tazza di noci o pistacchi; tritato

a) Unisci il vino, lo zucchero e il bouquet garni in una casseruola abbastanza grande da contenere arance e fichi in un unico strato. Portare a ebollizione, coperto, a fuoco moderato.

b) Aggiungere i fichi e cuocere a fuoco lento per 5 minuti. Aggiungere le arance e girarle per 3-4 minuti, rigirandole in modo che cuociano in modo uniforme.

c) Spegnete il fuoco e lasciate raffreddare le arance ei fichi nello sciroppo. Metti la frutta in una ciotola da portata. Ridurre della metà lo sciroppo e lasciare raffreddare. Scartare la guarnizione del bouquet e versare lo sciroppo su fichi e arance.

3. Vino infuso di caffè all'anice stellato

ingredienti

Per il vino rosso al caffè

- 5 cucchiai di chicchi di caffè tostati
- 1 bottiglia da 750 ml di vino rosso italiano secco
- 1 tazza d'acqua
- 1 tazza di zucchero turbinado
- 12 anice stellato

Per il cocktail

- 3 once di vino rosso infuso al caffè
- 1 oncia di Vermouth di Torino Cocchi, refrigerato
- 2 cucchiaini di sciroppo di anice stellato
- 2 spruzzi di bitter aztechi Fee Brothers
- Ghiaccio (opzionale)
- Decorazione: stecca di cannella o ricciolo di limone

Indicazioni

a) Per il vino rosso al caffè: aggiungere i chicchi di caffè alla bottiglia di vino, chiudere con il tappo e lasciare in infusione a temperatura ambiente per 24 ore. Filtrare prima dell'uso.

b) Per lo sciroppo di anice stellato: portare a ebollizione l'acqua, lo zucchero e l'anice stellato, mescolando finché lo zucchero non si scioglie. Togliete dal fuoco e lasciate in infusione per 30 minuti. Filtrare e imbottigliare, conservare in frigorifero.

c) Per ogni bevanda: in un bicchiere da vino mescolare il vino infuso al caffè, il vermouth Cocchi, lo sciroppo di anice stellato e gli amari al cioccolato. Aggiungere ghiaccio se lo si desidera e guarnire.

4. **Rosa, fragola e vino d'uva**

INGREDIENTI

- 100 g di fragole, mondate e affettate
- 1 pompelmo rosso medio, tagliato a rondelle
- 1 rametto di rosa canina, facoltativo (se di stagione)
- 1 cucchiaino di acqua di rose
- 700ml di blush rosé

Indicazioni:

a) Mettere le fragole, il pompelmo a fette e l'acqua di rose in un barattolo o bottiglia di vetro da un litro sterilizzato e versare sopra il rosato. Sigilla bene il barattolo e conserva in frigorifero per una notte, scuotendo delicatamente il barattolo di tanto in tanto per aiutare a infondere i sapori.

b) Quando sei pronto per servire, filtra il rosé attraverso un colino a maglia fine rivestito di mussola o un panno J pulito in una grande brocca e getta la frutta.

c) Per servire, aggiungere acqua frizzante a una quantità di vino rosa, fragola e pompelmo rosso e guarnire con petali di rosa. Per uno spritz di Aperol alla rosa, mescolare 200 ml di rosé infuso con 25 ml di Aperol e guarnire con una fetta di pompelmo.

5. Pesche al vino di ghiaccio

INGREDIENTI

- 6 pesche fresche, mondate, snocciolate e tagliate a metà
- $\frac{1}{2}$ tazza di zucchero (125 ml)
- 1 tazza di vino ghiacciato (250 ml)
- 1 tazza d'acqua (250 ml)

INDICAZIONI

a)   In una casseruola unire 1 tazza di acqua, zucchero e
     vino ghiacciato e cuocere a fuoco lento e finché lo
     zucchero non si sarà sciolto. Cuocere lo sciroppo per
     altri 3 minuti, togliere dal fuoco e mettere da parte
     fino al momento del bisogno.

b)   In una ciotola di vetro, posizionare le metà delle
     pesche e versarvi sopra lo sciroppo di vino
     ghiacciato e conservare in frigorifero per far
     mescolare i sapori.

c)   Servire freddo in una ciotolina e guarnire con un
     filo di zucchero a velo.

6. Vino al limone e rosmarino

ingredienti

- 1 bottiglia di vino bianco io userei Sauvignon
  Blanc, Pinot Grigio, Pinot Grigio o Riesling
- 4 rametti di rosmarino fresco
- 3-4 pezzi lunghi di scorza di limone cercando di
  non ottenere il midollo bianco su di esso

Indicazioni:

a) Apri la tua bottiglia di vino o usa quella bottiglia che è stata nel tuo frigorifero per alcuni giorni.

b) Pulisci e asciuga le tue erbe (in questo caso il rosmarino).

c) Con un pelapatate togliete 4-5 pezzi lunghi di scorza di limone facendo attenzione a non ottenere troppo della pece bianca.

d) Aggiungere il rosmarino e la scorza di limone alla bottiglia di vino.

e) Aggiungi un tappo di sughero e mettilo in frigorifero per una notte o per diversi giorni.

f) Eliminare la buccia di limone e le erbe aromatiche.

g) Bevi il vino.

7. Vino di kiwi fatto in casa

Ingrediente

* 75 Kiwi maturo

* 2 libbre   Uva rossa, congelata

* 12 once   100% concentrato d'uva

* 10 sterline   zucchero

* 2 confezioni   Lievito

a) sbucciare il kiwi, schiacciarlo con l'uva scongelata,
    mettere lo zucchero nella damigiana, sciogliere
    completamente, aggiungere la frutta schiacciata, il

concentrato d'uva, l'acqua (circa 4 galloni) e il
lievito.

b)   Fermenta come al solito. questo è solo il primo
assaggio di travaso

8. Manghi nel vino (tahiti)

Ingrediente

- 12 Manghi maturi

- ⅔litro   vino rosso

- 130 grammi   zucchero semolato

- 2 Baccelli di vaniglia fresca

a)   Rimuovere la pelle dai manghi e tagliarli in due,
     eliminando i semi.

b)   Disporre con la parte cava rivolta verso l'alto in una
     ciotola capiente e coprire con il vino.

c)   Aggiungere lo zucchero e i baccelli di vaniglia.
     Infornare per 45 minuti, lasciare raffreddare e poi
     raffreddare bene prima di servire.

9. Vino di tarassaco

Ingrediente

- 4 quarti   Fiori di tarassaco

- 4 quarti   Acqua bollente

- 6 Arance

- 4 Limoni

- 2 Dolci di lievito

- 4 libbre   zucchero

a) Scaldare i fiori nell'acqua bollente e lasciarli
    riposare per una notte. La mattina successiva
    filtrate, aggiungete la polpa e il succo di 6 arance, il
    succo di 4 limoni, il lievito e lo zucchero. Lasciate
    fermentare per 4 giorni, poi filtrate e imbottigliate.
    Servire in piccoli bicchieri a temperatura ambiente.

10. Vino di mele caldo

Ingrediente

- ½ tazza   uva passa

- 1 tazza   Rum chiaro

- 6 tazze   Vino di mele o sidro duro

- 2 tazze   succo d'arancia

- ⅓ tazza   zucchero di canna

- 6 Chiodi di garofano interi

- 2 Bastoncini di cannella

- 1 Arancia, fetta

a) In una piccola ciotola, immergere l'uvetta nel rum per diverse ore o durante la notte.

b) In una grande casseruola, unire tutti gli ingredienti e scaldare, mescolando spesso, fino a quando lo zucchero si è sciolto. Cuocere a fuoco lento finché non è caldo. Non bollire. Servire in tazze o tazze da punch resistenti al calore. Per 9 tazze

11. Calda tazza di vino al mirtillo rosso davanti al camino

Ingrediente

- 4.00 tazza   Cocktail di succo di mirtillo rosso

- 2.00 tazza   acqua

- 1.00 tazza   zucchero

- 4,00 pollici in stecca di cannella

- 12.00 Chiodi di garofano, interi

- 1,00 Buccia di 1/2 limone, tagliata

- 1.00 Strisce

- 2,00 Quinto di vino secco

- $\frac{1}{4}$ di tazza di succo di limone

a) Unisci il succo di mirtillo rosso, l'acqua, lo zucchero, la cannella, i chiodi di garofano e la buccia di limone in una casseruola. Portare a ebollizione, mescolando fino a quando lo zucchero non si sarà sciolto.

b) Cuocere a fuoco lento, scoperto, 15 minuti, filtrare. Aggiungere il vino e il succo di limone, scaldare bene, ma NON BOLLITARE. Cospargere di noce moscata sopra ogni porzione, se lo si desidera.

12. Vino al pepe

Ingrediente

- 6 Pepe, rosso, piccante; fresco

- 1 pinta di rum, leggero

a)   Mettere i peperoni interi in un barattolo di vetro e versarvi il rum (o lo sherry secco). Coprite bene con il coperchio e lasciate riposare 10 giorni prima dell'uso.

b)   Usa poche gocce nelle zuppe o nella salsa. L'aceto al pepe è fatto allo stesso modo.

c)   Se i peperoni freschi non sono disponibili, è possibile utilizzare peperoni interi essiccati a caldo.

13. Ananas al Porto

Ingrediente

- 1 media   Ananas, pulito (circa 2-1 / 2 libbre)

- La scorza di 1 arancia tagliata finemente

- La scorza di 1/2 pompelmo tagliata finemente

- 4 cucchiaiZucchero di canna chiaro, oa piacere

- $\frac{3}{4}$ tazza   Succo di ananas

- $\frac{1}{2}$ tazza   Porta

a) Questo è un trattamento particolarmente buono
    per un ananas che risulta non essere dolce come

dovrebbe essere. Migliore è il porto, migliore è il dessert. Prepara questo dolce un giorno prima per il miglior sapore.

b) Sbucciare, affettare e togliere il torsolo dall'ananas e tagliarlo a cubetti da 1 pollice o fette sottili. In padella cuocere le scorze, lo zucchero e il succo d'ananas. Cuocere fino a quando le scorze sono tenere, circa 5 minuti. Mentre il liquido è ancora caldo, aggiungi i pezzi di ananas e mescola nel porto.

c) Mettete in frigorifero per almeno 8 ore o durante la notte. Lasciar raggiungere la temperatura ambiente prima di servire altrimenti i sapori andranno persi.

14. Vino al rabarbaro

Ingrediente

- 3 libbre   rabarbaro

- 3 libbre   zucchero bianco

- 1 cucchiaino   Nutriente di lievito

- 1 gallone   Acqua calda (non deve essere bollente)

- 2 Compresse Campden (frantumate)

- Lievito di vino

a) Trita i gambi di rabarbaro e congelali in sacchetti di plastica per alcuni giorni prima di fare il vino. Non capisco davvero perché questo dovrebbe fare la differenza, ma lo fa. Se usi rabarbaro fresco il vino non esce mai così buono.

b) Devi avere pazienza. Il vino al rabarbaro può avere un sapore poco interessante a otto mesi e davvero buono a dieci mesi. Devi lasciarlo addolcire.

c) Usa il rabarbaro tagliato a pezzi. Mettilo nel fermentatore primario insieme allo zucchero. Coprite e lasciate riposare per 24 ore. Aggiungere l'acqua calda, mescolare il tutto e poi filtrare il rabarbaro.

d) Rimettere il liquido nel fermentatore primario e quando sarà tiepido aggiungere il resto degli ingredienti.

e) Coprite e lasciate fermentare per tre o quattro giorni. Quindi sifonare il liquido in brocche da galloni con serrature di fermentazione.

15. Gluehwein (vino speziato caldo)

Ingrediente

- ¼ di litro Vino bianco o rosso (1 tazza più 1
  cucchiaio) 6 zollette di zucchero, oa piacere

- 1 ciascuno Spicchio intero

- 1 piccolo Pezzo di scorza di limone

- Un po 'di cannella in stecca

Unire tutti gli ingredienti e riscaldare, appena fino al punto di ebollizione. Versare in un bicchiere preriscaldato, avvolgere il bicchiere in un tovagliolo e servire immediatamente.

16. Vino al mirtillo rosso

Ingrediente

- 2 c. vino bianco secco, come il Sauvignon Blanc o
  lo Chardonnay
- 1 c. mirtilli rossi scongelati freschi o congelati

Indicazioni

a)   Aggiungi vino e mirtilli rossi in un contenitore con un
     coperchio ben aderente.

b)   Copri e agita un paio di volte. Lasciar riposare a
     temperatura ambiente per una notte. Filtrare prima
     dell'uso; scartare i mirtilli rossi.

17. Vino infuso di menta lampone

ingredienti

- 1 tazza di lamponi freschi
- 1 mazzetto di menta fresca
- 1 bottiglia di vino bianco secco o dolce, qualunque sia la vostra preferenza

Indicazioni:

a) Metti i lamponi e la menta in un barattolo delle dimensioni di un quarto. Usa un cucchiaio per schiacciare leggermente i lamponi.

b) Versa l'intera bottiglia di vino sui lamponi e sulla menta, quindi copri con un coperchio e mettila in un punto tranquillo della tua cucina.

c) Lasciate riposare l'infuso per 2-3 giorni, poi filtrate i lamponi e la menta con un colino a maglie fini e buon appetito!

18. Vino infuso d'amore

ingredienti

- 1 barattolo di vetro da 1 litro o da 1 litro
- 2 cucchiaini di cannella in polvere o 2 bastoncini
  di cannella

- 3 cucchiaini di radice di zenzero in polvere o radice di zenzero fresca sbucciata lunga circa 1 pollice
- opzione 1-1 pezzo di baccello di vaniglia da 1 pollice o 1 cucchiaino di estratto di vaniglia
- oppure opzione 2 - 2 baccelli di cardamomo + 2 anice stellato
- 3 bicchieri di vino rosso o una bottiglia da 750 ml

Indicazioni:

a) Aggiungi il vino rosso al barattolo

b) Aggiungi i componenti a base di erbe

c) Mescola per amalgamare gli ingredienti.

d) Metti il coperchio sul barattolo. Mettere in una credenza fresca e buia per 3-5 giorni.

e) Filtrare bene (o 2x) in un altro barattolo o in una graziosa caraffa di vetro. È pronto!!!

19. Mele al vino rosso

Ingrediente

- 1 chilogrammo Mele (2 1/4 lb) Hai BISOGNO di una mela che mantenga la sua forma durante la cottura !!

- 5 decilitriVino rosso (1 pinta)

- 1   Bastoncini di cannella

- 250 grammi   Zucchero (9 oz)

a) Dieci ore prima, cuocere il vino, la cannella e lo zucchero a fuoco vivace per 10 minuti, usando una casseruola larga e poco profonda.

b) Sbucciare le mele e, utilizzando una spatola per meloni di circa $2\frac{1}{2}$ cm di diametro, tagliarle a palline.

c) Getta le polpette di mele nel vino caldo. Non devono sovrapporsi: ecco perché serve una padella ampia e poco profonda. Cuocili a fuoco lento per 5-7 minuti, coperti con un foglio di alluminio per tenerli immersi.

d) Quando le mele sono cotte ma ancora sode, togli la padella dal fuoco. Lasciate macerare le polpette di mele nel vino rosso per circa 10 ore affinché assumano un bel colore rosso.

e) Servizio: ben freddo, con una pallina di gelato alla vaniglia, o in una selezione di dessert freddi alla frutta.

20. Vino al pepe di Bajan

Ingrediente

* 18 "peperoni di vino" o quantità simile dei
  peperoncini rossi minuscoli

* Rum bianco delle Barbados

* Sherry

a)   Togliere i piccioli dai peperoni e metterli in una
     bottiglia, quindi coprire con il rum e lasciar riposare
     per due settimane.

b)   Filtrare e diluire alla "piccantezza" richiesta con lo
     sherry.

21. Vino da dessert all'arancia

Ingrediente

- 5 ciascuno   Arance, Louisiana Naval

- 2 ciascuno   Limoni

- 5 quarti   Vino, bianco secco

- 2 libbre   zucchero

- 4 tazze   Brandy

- 1 ciascuno Baccello di vaniglia

- 1 ciascuno Pezzo (1/2) scorza d'arancia, asciutta

a)   Grattugiare le bucce delle arance e dei limoni e
     mettere da parte. Tagliare la frutta in quarti e
     metterla in un demi-john o in un altro contenitore
     grande (coccio o bicchiere).

b)   Bagnate con il vino, poi aggiungete le bucce
     grattugiate, lo zucchero, il brandy, la bacca di
     vaniglia e un pezzetto di scorza d'arancia essiccata.

c)   Chiudere il barattolo e conservare in un luogo buio e
     fresco per 40 giorni. Filtrare attraverso un panno e
     una bottiglia. Servire freddo.

22. Arancia con sciroppo di vino rosso

Ingrediente

- 2 tazze di vino rosso dal gusto pieno

- ½ tazza di zucchero

- 1   Bastoncino di cannella da 3 pollici

- 2 medium Meloni o meloni a polpa arancione

a)   In una casseruola media non reattiva, unire il vino,
     lo zucchero e la cannella. Portare a ebollizione a
     fuoco alto e cuocere fino a quando non si sarà
     ridotto della metà, circa 12 minuti.

b)   Togli la cannella e lascia raffreddare lo sciroppo a
     temperatura ambiente

c)   Tagliare a metà i meloni trasversalmente e scartare
     i semi. Taglia una fetta sottile dal fondo di ciascuna
     metà di melone in modo che si trovi in posizione
     verticale e adagia ciascuna metà su un piatto.

d)   Versare lo sciroppo di vino rosso nelle metà del
     melone e servire con cucchiai grandi.

23. Vino arancione (vin d'orange)

Ingrediente

- 3 Arance navali; dimezzato

- 1 tazza   zucchero

- 1 quarto di gallone britannico   vino bianco

- 2 mezzi   Arance navali

- 20 Chiodi di garofano interi

a) In una casseruola, a fuoco medio, spremere le metà dell'arancia nella casseruola, aggiungere le arance strizzate e lo zucchero. Portare a ebollizione, ridurre la fiamma al minimo e cuocere a fuoco lento per 5 minuti. Togliete dal fuoco e lasciate raffreddare completamente.

b) Filtrare in un barattolo da 1 $\frac{1}{2}$ litro, premendo le arance con il dorso di un cucchiaio per rilasciare tutto il succo. Incorporate il vino. Incollare i chiodi di garofano nelle arance intere. Tagliate a metà le arance e aggiungetele al barattolo.

c) Fissare saldamente il coperchio e lasciare riposare per almeno 24 ore e fino a 1 mese.

24. Vino allo zenzero

Ingrediente

- $\frac{1}{4}$ di libbra di zenzero
- 4 libbre di zucchero DC
- 1 gallone di acqua
- 2 cucchiaini   Lievito
- $\frac{1}{2}$ libbre di frutta secca
- $\frac{1}{2}$ oncia di mazza

a)   Schiaccia lo zenzero e mettilo in un barattolo.
     Aggiungere tutti gli altri ingredienti e lasciar
     riposare per 21 giorni.

b)   Filtrare e imbottigliare.

25. Vin brulè

Strumenti di cui hai bisogno.

- Spremiagrumi
- Apribottiglie per vino
- Coltello affilato
- Pentola grande
- Filtro
- Tazze

ingredienti

- 1 bottiglia di vino rosso

- 2 arance
- 3 bastoncini di cannella
- 5 anice stellato
- 10 chiodi di garofano interi
- 3/4 tazza di zucchero di canna

Indicazioni:

a) Metti tutti gli ingredienti tranne le arance in una
    pentola di medie dimensioni.

b) Usando un coltello affilato o un pelapatate,
    sbucciate metà di un'arancia. Evita di sbucciare
    quanto più midollo possibile (parte bianca), poiché
    ha un sapore amaro.

c) Spremere le arance e aggiungerle nella pentola
    insieme alla buccia d'arancia.

d) A fuoco medio, scalda la miscela fino a quando non
    diventa fumante. Riduci la fiamma a fuoco lento.
    Riscaldare per 30 minuti per lasciare in infusione le
    spezie.

e) Filtrare il vino e servire in coppe resistenti al calore.

26. Sistema per il raffreddamento del vino

Ingrediente

- 1.00   Servendo

- $\frac{3}{4}$ tazza   Limonata

- $\frac{1}{4}$ di tazza   Vino rosso secco

- Rametto di menta

- Ciliegia al maraschino

a) Questo rende una bevanda colorata e rinfrescante se i liquidi non vengono mescolati insieme. Versare la limonata sul ghiaccio tritato, quindi aggiungere il vino rosso.

b) Guarnire con un rametto di menta e una ciliegia. Buono per le giornate calde.

27. Zabaione al vino

Resa: 20 porzioni

Ingrediente

- 4.00 Albumi d'uovo

- 1 Quinto vino bianco secco

- ½ tazza di succo di limone fresco

- 1,00 cucchiaio   Scorza di limone; grattugiato

- 1.00 tazza   Miele

- 6.00 tazza   Latte

- 1,00 quarto di gallone britannico metà e metà

- 1.00 Noce moscata; appena grattugiato

a) Montare gli albumi a neve e metterli da parte. Unisci il vino, il succo di limone, la scorza e il miele in una grande casseruola. Riscaldare, mescolando, fino a quando è caldo, quindi aggiungere lentamente il latte e la panna.

b) Continuate a scaldare e mescolate fino a ottenere un composto spumoso; togliere dal fuoco. Incorporare gli albumi e servire in tazze con una spolverata di noce moscata.

28. Secchiello per vino alla pesca

Ingrediente

- 16 once   Pesche non zuccherate; scongelato

- 1 quarto di gallone britannico   Succo di pesca

- 750 millilitri   Vino bianco secco; = 1 bottiglia

- 12 once   Nettare di albicocche

- 1 tazza   zucchero

a)   In un frullatore o in un robot da cucina purea le
     pesche. In un contenitore, unire le pesche e gli
     ingredienti rimanenti.

b)   Copri e lascia raffreddare per 8 ore o per tutta la
     notte per consentire ai sapori di amalgamarsi.
     Conservare in frigorifero. Servire freddo.

DOLCI INFUSI

29. Composta di frutta e vino

Ingrediente

- 4 piccoli Pere

- 1 arancia

- 12 Prugne umide

- A 2,5 cm; (1 pollice) stick; cannella

- 2 Semi di coriandolo

- 1 Chiodo di garofano

- ¼ Foglia d'alloro; (opzionale)

- ⅓ Baccello di vaniglia

- 4 cucchiaizucchero semolato

- 1 tazza e mezza Buon vino rosso

a) Pelare le pere, lavare e tagliare l'arancia a fette di $\frac{1}{2}$ cm ($\frac{1}{4}$ in).

b) Mettere delicatamente le pere, con il gambo, in una casseruola. Mettere le prugne tra le pere e aggiungere la cannella, i semi di coriandolo, i chiodi di garofano, la foglia di alloro, la vaniglia e lo zucchero semolato.

c) Guarnire con fettine d'arancia e aggiungere il vino. Se necessario aggiungere acqua in modo che ci sia abbastanza liquido per coprire la frutta.

d) Portare a ebollizione, abbassare a fuoco lento e cuocere le pere per 25-30 minuti finché non saranno morbide. Lasciar raffreddare la frutta in un liquido.

e) Rimuovere le spezie e servire frutta e liquido da un bel piatto da portata.

30. Tartufi al cioccolato

ingredienti

- 1 busta da 10 once di gocce di cioccolato
  semidolce
- 1/2 tazza di panna da montare pesante
- 1 cucchiaio di burro non salato
- 2 cucchiai di vino rosso
- 1 cucchiaino di estratto di vaniglia
- Guarnizioni: mandorle affumicate tritate, cacao
  in polvere, cioccolato fuso e sale marino

Indicazioni:

a) Trita il cioccolato: sia che tu stia usando un blocco di cioccolato o gocce di cioccolato, vorrai tritarli per farli sciogliere più facilmente. Vedere le note per la risoluzione dei problemi. Mettere il cioccolato tritato in una grande ciotola di acciaio inossidabile o di vetro.

b) Riscaldare la panna e il burro: scaldare la panna e il burro in una piccola casseruola a fuoco medio, fino a quando non inizia a bollire.

c) Unire la panna al cioccolato: non appena il liquido inizia a bollire versatelo subito nella ciotola sopra il cioccolato.

d) Aggiungere altri liquidi: aggiungere la vaniglia e il vino e mescolare fino a che liscio.

e) Refrigerare / Raffreddare: coprire la ciotola con pellicola trasparente e trasferire in frigorifero per circa un'ora (o nel congelatore per 30 min-1 ora), fino a quando il composto non si sarà rassodato.

f) Roll Truffles: Una volta che i tartufi si sono raffreddati, raccoglierli con una spatola per meloni e arrotolali con le mani. Questo diventerà disordinato!

g) Quindi rivestili con i condimenti desiderati. Adoro le mandorle affumicate tritate, il cacao in polvere e il cioccolato fuso temperato con sale marino.

31. Gelato alle fragole

Ingrediente

- 2 pinte di fragole

- $\frac{1}{4}$ di tazza di zucchero

- ⅓ tazza di vino rosso secco

- 1   Stecca di cannella intera

- $\frac{1}{8}$ cucchiaino di pepe, appena macinato

- 1 pinta di gelato alla vaniglia

- 4   Rametti di menta fresca per guarnire

a) Se le fragole sono piccole, tagliarle a metà; se grande, tagliato in quarti.

b) Unire lo zucchero, il vino rosso e la stecca di cannella in un'ampia padella; cuocere a fuoco medio alto fino a quando lo zucchero non si scioglie, circa 3 minuti. Aggiungere le fragole e il pepe; cuocere fino a quando le bacche si ammorbidiscono leggermente, da 4 a 5 minuti.

c) Togliere dal fuoco, scolare la stecca di cannella e dividere i frutti di bosco e la salsa tra i piatti; servire con gelato alla vaniglia e un rametto di menta, se lo si desidera.

32. Mousse di melone al vino muskat

Ingrediente

- 11 once di polpa di melone; Galia preferiva

- ½ tazza di vino dolce Muskat

- ½ tazza di zucchero

- 1 tazza di panna montata

- ½ tazza di zucchero

- ½ tazza di acqua

- Frutta assortita

- 1 cucchiaio e mezzo di gelatina

- 2 Albumi

- 2 tazze di vino dolce muschiato

- 1 stecca di cannella

- 1 baccello di vaniglia

a) In un frullatore, trasforma la polpa di melone in una purea liscia.

b) Mettere la gelatina e $\frac{1}{2}$ bicchiere di vino Muskat in un pentolino e portare a ebollizione mescolando bene per fare in modo che la gelatina sia completamente sciolta. Aggiungere il composto di gelatina alla purea di melone e mescolare bene. Mettete sopra una ciotola piena di cubetti di ghiaccio.

c) Nel frattempo montate gli albumi, aggiungendo poco alla volta lo zucchero, fino ad ottenere un composto denso. Trasferisci la mousse in una ciotola.

d) Per fare la salsa, mettere lo zucchero e l'acqua in una padella media, portare a ebollizione e cuocere a fuoco basso finché non si addensa e diventa marrone dorato. Aggiungere 2 tazze di vino Muskat, la stecca di cannella, il baccello di vaniglia e una striscia di buccia d'arancia. Bollire.

33. Vino israeliano e torta di noci

Ingrediente

- 8 Uova

- 1 tazza e mezza Zucchero granulare

- ½ cucchiaino   sale

- ¼ di tazza   succo d'arancia

- 1 cucchiaio   Buccia d'arancia

- ¼ di tazza   Vino rosso di Pasqua

- 1¼ tazza Pasto di torta di pane azzimo

- 2 cucchiaiFecola di patate

- ½ cucchiaino   Cannella

- ⅓tazza   Mandorle; tritato molto finemente

a) Sbattere gradualmente 1 ¼ di tazza di zucchero e sale nella miscela di tuorlo fino a ottenere un composto denso e di colore chiaro. Aggiungere il succo d'arancia, la scorza e il vino; batti ad alta velocità fino a che non sia denso e leggero, circa 3 minuti.

b) Setacciare insieme farina, fecola di patate e cannella; piegare gradualmente nella miscela di arance fino a quando non si sarà amalgamato. Montare gli albumi alla massima velocità finché gli albumi non raggiungono il picco ma non sono asciutti.

c) Incorporare leggermente la meringa nel composto. Incorporare delicatamente le noci nella pastella.

d) Trasformare in una teglia da 10 pollici non ingrassata con il fondo rivestito con carta oleata.

e) Infornate a 325 gradi.

34. Biscotti al vino

Resa: 12 porzioni

Ingrediente

- 1¼ tazza Farina

- 1 pizzico sale

- 3 once   Grasso solido vegetale o animale per cucinare; (Oleo)

- 2 once   zucchero

- 1   Uovo

- ¼ di tazza   Sherry; A 1/3 C, o qualsiasi vino

a) Preparate come fareste per i biscotti normali,
    ovvero: unite gli ingredienti secchi e tagliate a oleo.
    Unisci l'uovo e lo sherry e mescola per formare un
    impasto morbido.

b) Pat su una superficie infarinata. Tagliare con lo
    stampino per biscotti, adagiarlo su una teglia e
    spolverare con un po 'di zucchero o farina. Cuocere
    350, da 8 a 10 minuti.

35. Fonduta di vino di uva spina

Ingrediente

- 1 ½ libbra di uva spina; sormontato e codato

- 4 once   Zucchero semolato (semolato)

- ⅔bicchiere di vino bianco secco

- 2 cucchiaini di farina di mais (amido di mais)

- 2 cucchiai di panna singola (leggera)

- Brandy scatta

a) Mettere da parte qualche uva spina per la decorazione, quindi passare il resto al setaccio per ottenere una purea.

b) In una pentola per fonduta, mescolare la farina di mais con la panna. Mescolare la purea di uva spina, quindi scaldare fino a ottenere un composto liscio e denso, mescolando spesso.

c) Decorare con l'uva spina riservata e servire con bottoncini di brandy.

36. Torta e budino di vino

Ingrediente

- Amaretti

- 1 pinta di vino

- 3 Tuorlo d'uovo

- 3 Bianco d'uovo

- Pan di Spagna

- Dita della signora

- 1 cucchiaino di amido di mais

- 3 cucchiaini di zucchero

- ½ tazza di noci, tritate

a) Mettere i pezzi di pan di spagna, i savoiardi o una torta simile in una pirofila di terracotta (riempirla per circa ½). Aggiungi qualche amaretto. Riscalda il vino. Mescolare l'amido di mais e lo zucchero e aggiungere lentamente il vino.

b) Sbattere i tuorli delle uova e aggiungerli al composto di vino. Cuocere circa 2 minuti. Versate sopra la torta e lasciate raffreddare. Quando è freddo, coprire con gli albumi montati a neve e spolverare con la polpa di noce tritata.

c) Infornare a 325-F per alcuni minuti fino a doratura. Servire freddo

37. Granita al vino rosso e mirtilli

Ingrediente

- 4 tazze di mirtilli freschi

- 2 tazze di sciroppo di zucchero

- 2 tazze di vino rosso Burgandy o secco

- 4½ tazza di zucchero

- 4 tazze d'acqua

a)   Filtrare i mirtilli in una grande casseruola con il
     setaccio, scartando i solidi. Aggiungere lo sciroppo e
     il vino, portare a ebollizione il composto, abbassare
     la fiamma, quindi lasciare cuocere a fuoco lento,
     scoperto, per 3-4 minuti. versare il composto in un
     piatto quadrato da 8 pollici, coprire e congelare per
     almeno 8 ore o fino a quando non si solidifica.

b)   Rimuovere la miscela dal congelatore e raschiare
     l'intera miscela con i rebbi di una forchetta fino a
     renderla spumosa. Cucchiaio in un contenitore;
     coprire e congelare fino a un mese.

c)   Sciroppo di zucchero di base: unire in una
     casseruola, mescolando bene. Portare a bollore,
     cuocere fino a quando lo zucchero non si sarà
     sciolto.

38. Coupé di melone e mirtillo

Ingrediente

- 1½ tazza di vino bianco secco

- ½ tazza di zucchero

- 1   Baccello di vaniglia; dividere longitudinalmente

- 2 tazza di cubetti di melone; (circa 1/2 melone)

- 2 tazza di cubetti di melata

- 2 tazza   Cubetti di anguria

- 3 tazze di mirtilli freschi

- $\frac{1}{2}$ tazza di menta fresca tritata

a) Unire $\frac{1}{2}$ tazza di vino e zucchero in una piccola casseruola. Raschiare i semi dal baccello di vaniglia; aggiungi il fagiolo. Mescolare a fuoco basso finché lo zucchero non si scioglie e lo sciroppo è caldo, circa 2 minuti. Togliere dal fuoco e lasciare in infusione 30 minuti. Rimuovere il baccello di vaniglia dallo sciroppo.

b) Unisci tutta la frutta in una ciotola grande. Aggiungere la menta e il restante 1 bicchiere di vino allo sciroppo di zucchero. Versare sulla frutta. Coprire e conservare in frigorifero per almeno 2 ore.

c) Versare la frutta e un po 'di sciroppo in grandi calici dal gambo.

39. Torta di lime con crema di vino

Ingrediente

- $1\frac{1}{4}$ tazza di panna da montare fredda

- 6 cucchiai di zucchero

- 2 cucchiai di vino dolce da dessert

- 1 cucchiaio e mezzo di succo di limone fresco

- 1 cucchiaio di noci tritate finemente

- $\frac{1}{4}$ di tazza di zucchero

- $\frac{1}{2}$ cucchiaino di sale

- $\frac{3}{4}$ tazza di burro non salato freddo

- 2 tuorli d'uovo grandi e 4 uova grandi

- $\frac{1}{2}$ tazza di succo di lime fresco e 1 cucchiaio di scorza di lime grattugiata

a) Unire la panna, lo zucchero, il vino e il succo di limone nel boccale e sbattere fino a formare picchi morbidi. Piega con cura le noci.

b) Mescolare farina, zucchero e sale nel processore. Aggiungere il burro; tagliare usando i turni on / off fino a quando la miscela non assomiglia a una farina grossolana. Sbatti i tuorli e l'acqua nella ciotola. Aggiungi al processore; frullare usando i giri on / off fino a formare grumi umidi. Cuocere 20 minuti.

c) Sbattere le uova e lo zucchero nella ciotola fino a renderli leggeri e cremosi. Setacciare la farina nella miscela di uova; frusta per unire. Aggiungi il latticello. Sciogliere il burro con il succo di lime e frullare nel composto di uova. Versare il ripieno in crosta.

40. Involtini di vino pane azzimo

Ingrediente

- 8 Piazze matzoh

- 1 tazza di vino rosso dolce

- 8 once   Cioccolato semidolce

- $\frac{1}{2}$ tazza di latte

- 2 cucchiai di cacao

- 1 tazza di zucchero

- 3 cucchiai di brandy

- 1 cucchiaino di caffè solubile in polvere

- 2 Sticks margarina

a) Sbriciola il pane azzimo e immergilo nel vino. Sciogliere il cioccolato con il latte, il cacao in polvere, lo zucchero, il brandy e il caffè a fuoco bassissimo.

b) Togliete dal fuoco e aggiungete la margarina. Mescola finché non si scioglie.

c) Aggiungi il pane azzimo alla miscela di cioccolato. Dividete il composto in due metà. Modellate ciascuna metà in un lungo rotolo e avvolgetela strettamente in un foglio di alluminio. Mettere in frigorifero per una notte, rimuovere la carta stagnola e affettare.

d) Mettere in carta quattro bicchieri e servire.

41. Moustokouloura

Ingrediente

- 3½ tazza di farina multiuso più una quantità extra
  per impastare

- 2 cucchiaini di bicarbonato di sodio

- 1 cucchiaio di cannella appena macinata

- 1 cucchiaio di chiodi di garofano appena macinati

- ¼ di tazza di olio d'oliva dolce

- 2 cucchiai di miele

- $\frac{1}{2}$ tazza di sciroppo di mosto di vino greco

- $\frac{1}{2}$ arancia

- 1 tazza di succo d'arancia

a) Setacciare insieme la farina, il bicarbonato di sodio, la cannella e i chiodi di garofano in una grande ciotola, facendo un buco al centro.

b) In una ciotola più piccola sbattere l'olio d'oliva con il miele, i petimezi, la scorza d'arancia grattugiata e $\frac{1}{2}$ succo d'arancia e versare nella fontana. Mescolare insieme per fare un impasto.

c) Girare su una spianatoia infarinata e impastare per circa 10 minuti fino ad ottenere un impasto liscio ma non compatto.

d) Rompere pezzi di pasta, circa 2 cucchiai ciascuno, e arrotolarli in serpenti di circa $\frac{1}{2}$ pollice di diametro.

e) Cuocere in forno preriscaldato a 375 F per 10-15 minuti, finché non saranno marroni e croccanti, ma non troppo duri.

42. Wafer all'arancia

Ingrediente

- 2 ½ cucchiaio   scorza d'arancia

- 2 tazze di pasta sfoglia o farina per tutti gli usi

- ½ cucchiaino di sale

- 1 cucchiaino di lievito in polvere

- 2 cucchiai (1/4 di panetto) di burro o

- Margarina, ammorbidita

- $\frac{1}{2}$ bicchiere di vino bianco

a) Preriscalda il forno a 350 ~ F.

b) Per preparare la scorza grattugiare leggermente la buccia esterna delle arance contro la grata fine di una grattugia.

c) In una grande ciotola unire la farina, la scorza d'arancia, il sale e il lievito. Tagliate il burro e aggiungete lentamente il vino.

d) Su una superficie infarinata, piegare il terzo sinistro dell'impasto sul terzo centrale. Allo stesso modo, piega il terzo destro sopra il centro.

e) Questa volta stendete la pasta un po 'più sottile, di circa $\frac{1}{8}$ di pollice di spessore.

f) Con un coltello affilato, taglia i quadrati da 2 pollici.

g) Pungere ogni cracker fino in fondo 2 o 3 volte con i rebbi di una forchetta. Cuocere per 15-20 minuti, finché non saranno leggermente dorati.

43. Torta di mandorle all'arancia

Ingrediente

- ½ tazza di burro non salato - (1 panetto); ammorbidito

- 1 tazza di zucchero semolato

- 2 Uova

- 2 cucchiaini di vaniglia

- ½ cucchiaino di estratto di mandorle

- ¼ di tazza di mandorle tritate non sbiancate

- 2 cucchiaini di scorza d'arancia grattugiata

- 1 tazza e mezza Farina per tutti gli usi; più

- 2 cucchiaiFarina per tutti gli usi

- 2 cucchiaini di lievito in polvere

- 1 cucchiaino di sale

- 1 tazza di panna acida

- 1 pinta di lamponi o fragole

- $\frac{1}{2}$ bicchiere di spumante

a) Sbattere il burro e lo zucchero insieme fino a renderli leggeri e spumosi.

b) Aggiungere le uova, la vaniglia, l'estratto di mandorle, le mandorle e la scorza d'arancia; batti a bassa fino a quando combinato. Setacciare farina, lievito in polvere e sale insieme; aggiungere alternativamente al composto di burro con panna acida.

c) Versare la pastella nella padella; toccare leggermente per uniformarlo. Infornate per circa 20 minuti.

d) Lasciate raffreddare per 10 minuti; togliere dalla tortiera o rimuovere i lati dello springform. Cospargere le bacche con lo zucchero, quindi condire con abbastanza spumante per inumidirle bene.

e) Mettere la torta sul piatto, circondare con bacche e succo.

44. Crostata di prugne con creme fraiche

Ingrediente

- 10 Pollici guscio di pasta dolce; fino a 11

- 550 grammi di prugne; lavato

- 2 cucchiai di zucchero semolato

- 125 millilitri di vino Porto

- 1 Baccello di vaniglia tagliato al centro

- $\frac{1}{2}$ pinta di crema

- 1 oncia di farina

- 2 once   zucchero

- 2 Tuorli d'uovo

- 2 Gelatina in foglia; inzuppato

a) Rimuovere i noccioli dalle prugne e tagliarli in quattro. Cuocere la torta di pasta dolce alla cieca e raffreddare.

b) Prepara la crema pasticcera mescolando uovo e zucchero in una ciotola sopra l'acqua calda. Aggiungete un cucchiaio di panna e aggiungete gradualmente la farina. Aggiungere altra panna, mettere in una padella pulita e riscaldare.

c) Posizionare un buon strato di crema pasticcera sulla base della pirofila e livellare con una spatola o un raschietto di plastica.

d) Disporre le prugne sulla sfoglia e infornare per 30-40 minuti.

e) Cuocere a fuoco lento lo zucchero nel vino Porto e aggiungere il baccello di vaniglia, ridurre leggermente il liquido. Aggiungere la gelatina in fogli e raffreddare leggermente. Togliete la crostata e lasciatela raffreddare, versateci sopra la glassa di porto e lasciate in frigo a rassodare. Affettare e servire con creme fraiche.

45. Brownies al vino rosso

INGREDIENTI

- $\frac{3}{4}$ tazza (177 ml) di vino rosso
- $\frac{1}{2}$ tazza (60 g) di mirtilli rossi secchi
- 1 $\frac{1}{4}$ (156 g) di tazza di farina per tutti gli usi
- $\frac{1}{2}$ cucchiaino di sale marino
- $\frac{1}{2}$ tazza (115 g) di burro salato, più un extra per ungere
- 180 g di cioccolato fondente o semidolce
- 3 uova grandi
- 250 g di zucchero
- $\frac{1}{2}$ tazza (41 g) di cacao amaro in polvere

- $\frac{1}{2}$ tazza (63 g) di noci tritate (facoltativo)

Indicazioni:

a) In una piccola ciotola, mescola il vino rosso ei mirtilli rossi e lascia riposare per 30 minuti a un'ora o fino a quando i mirtilli non sembrano carnosi. Puoi scaldare delicatamente il vino ei mirtilli rossi sul fornello o nel microonde per accelerare il processo.

b) Preriscaldare il forno a 350 gradi F. e ungere e infarinare una teglia da 8 x 8 pollici.

c) Mescolare farina e sale marino in una ciotola e mettere da parte.

d) In una ciotola sopra l'acqua bollente, scaldare il burro e il cioccolato fino a quando non si saranno sciolti e mescolati insieme.

e) Togli la ciotola dal fuoco e sbatti le uova una alla volta. (Se la ciotola sembra molto calda, potresti lasciarla raffreddare per circa 5 minuti prima di aggiungere le uova).

46. Panna cotta alla vaniglia

ingredienti

- Crema - 2 tazze
- Zucchero, più 3 cucchiai - 1/4 di tazza
- Baccelli di vaniglia - entrambi divisi a metà, i semi raschiati da uno - 1
- Pasta alla vaniglia - 1/2 cucchiaino
- Olio - 1 cucchiaio
- Gelatina in polvere mescolata con 90 ml di acqua fredda - 2 cucchiaini
- Fragole cotte - 125 g
- Vino rosso - 1/2 tazza

Indicazioni:

a) Riscaldare delicatamente la panna e 1/2 tazza di zucchero in una pentola fino a quando tutto lo zucchero non si sarà sciolto. Togliere dal fuoco e incorporare l'estratto di vaniglia e 1 baccello di vaniglia insieme ai semi raschiati.

b) Cospargere la gelatina sull'acqua fredda in una grande ciotola e unire delicatamente.

c) Versare la panna calda sulla gelatina e mescolare bene fino a quando la gelatina non si sarà sciolta. Filtrare il composto al setaccio.

d) Dividere il composto tra le ciotole unte e conservare in frigorifero fino a quando non si solidifica. Ciò richiederà solitamente fino a 3 ore.

e) In una pentola scaldate il vino rosso, 6 cucchiai di zucchero e la bacca di vaniglia rimasta fino a ebollizione.

f) Sciacquare, mondare e affettare le fragole e unirle allo sciroppo, quindi versare la panna cotta liberata.

47. Crostata di vino

Ingrediente

- 140 g di farina 00 (5 oz)

- 1 cucchiaino di lievito in polvere

- 60 grammi di burro non salato (2 1/4 oz)

- 1 pizzico di sale

- 120 g di zucchero semolato (4 oz)

- 1 cucchiaino di cannella in polvere

- 10 grammi   Farina 00 (1/4 oz)

- $\frac{1}{2}$ cucchiaino di zucchero

- 3 cucchiai di latte

- 100 millilitri   Buon vino bianco secco

- 15 grammi   Burro (circa 1/2 oz)

a) Pasta: mettere insieme la farina, il lievito e il burro ammorbidito in una ciotola capiente. Aggiungere il sale e lo zucchero. Aggiungi il latte.

b) Facilita la pasta nella base della teglia.

c) Mescolare lo zucchero, la cannella e la farina insieme. Spargi questa miscela su tutto il fondo della torta. Versare il vino sulla miscela di zucchero e mescolarla con la punta delle dita.

d) Cuocere la crostata sul fondo del forno preriscaldato per 15 ... 20 minuti.

e) Lasciar raffreddare la crostata prima di estrarla dallo stampo.

48. zabaione

Ingrediente

- 6 Tuorli d'uovo

- ½ tazza   zucchero

- ⅓tazza   Vino bianco medio

a) Sbattere i tuorli d'uovo con lo sbattitore elettrico
    a bagnomaria fino a renderli spumosi. Incorporare
    gradualmente lo zucchero. Versare appena
    abbastanza acqua calda sul fondo della doppia

caldaia in modo che la parte superiore non tocchi l'acqua.

b) Cuocere i tuorli d'uovo a fuoco medio; mescolare lentamente il vino, sbattendo ad alta velocità fino a che liscio, pallido e abbastanza denso da stare in mucchi morbidi.

c) Servire subito in calici bassi.

49. Frutti invernali al vino rosso

Ingrediente

- 1 Limone

- 500 millilitri   vino rosso

- 450 grammi di zucchero semolato

- 1 Baccello di vaniglia; dimezzato

- 3 Foglie di alloro

- 1 Bastoncino di cannella

- 12 Pepe nero in grani

- 4 piccoli Pere

- 12 Prugne secche senza ammollo

- 12 Albicocche senza ammollo

a) Preparate una striscia di scorza di limone e tagliate a metà il limone. Mettere la scorza di limone, lo zucchero, il vino, il baccello di vaniglia, le foglie di alloro e le spezie in una padella larga non reattiva e far bollire mescolando.

b) Pelare le pere e strofinare con la faccia tagliata del limone per fermare lo scolorimento. Riportare a ebollizione lo sciroppo di vino rosso, abbassare il fuoco a fuoco lento e aggiungere le pere.

c) Aggiungere le prugne e le albicocche alle pere. Riposizionare il coperchio e lasciare raffreddare completamente prima di conservare in frigorifero per tutta la notte.

50. Torta al tè al limone

Ingrediente

- ½ tazza di vino rosso secco

- 3 cucchiai di succo di limone fresco

- 1 cucchiaio e mezzo di amido di mais

- 1 tazza di mirtilli freschi

- Un pizzico di cannella e noce moscata in polvere

- ½ tazza di burro non salato; temperatura ambiente

- 1 tazza di zucchero

- 3 grandi Uova

- 2 cucchiaiBuccia di limone grattugiata

- 2 cucchiai di succo di limone fresco

- 1 cucchiaino di estratto di vaniglia

- $1\frac{1}{2}$ tazza di farina setacciata

- $\frac{1}{2}$ cucchiaino di lievito in polvere e $\frac{1}{4}$ di bicarbonato di sodio

- $\frac{1}{4}$ di cucchiaino di sale

- $\frac{1}{2}$ tazza di panna acida

a) Mescolare acqua, zucchero, vino rosso secco, succo di limone fresco e amido di mais in una casseruola media.

b) Aggiungi i mirtilli. Far bollire fino a quando la salsa si addensa abbastanza da ricoprire il retro del cucchiaio, mescolando continuamente, per circa 5 minuti.

c) Sbattere il burro e lo zucchero in una ciotola grande fino a renderli spumosi. Incorporare le uova, una alla volta. Montare la scorza di limone grattugiata, il succo di limone e l'estratto di vaniglia. Setacciare la farina della torta, il lievito, il bicarbonato di sodio e il sale in una ciotola media.

d) Versare la pastella nella teglia preparata. Cuocere e poi raffreddare la torta sulla griglia per 10 minuti.

CONCLUSIONE

I creatori di ricette moderne passano molto tempo a pubblicizzare infusi fatti in casa, tinture e piatti a base di vino. E per una buona ragione: sciroppi e liquori personalizzati consentono alle barrette di creare cocktail d'autore che non possono essere sempre replicati. Per i gestori di bar e i proprietari che cercano di trarre il massimo dai margini operativi ridotti, è più economico realizzare qualcosa di "su misura" con gli ingredienti avanzati della cucina di un ristorante, piuttosto che pagare per offerte commerciali premade.

La maggior parte degli ingredienti può essere utilizzata per infondere il vino. Tuttavia, gli ingredienti che hanno un contenuto di acqua naturale, come la frutta fresca, tendono ad avere prestazioni migliori.

Tuttavia, la scelta è tua e la sperimentazione fa parte del divertimento. Qualunque cosa tu provi, i risultati saranno piacevoli!

RICETTE A BASE DI VINO

50 RICETTE STRAORDINARIE

MARA FLUMINI

forma senza l'autorizzazione scritta espressa e firmata dell'autore.

INTRODUZIONE

Infondere il vino può essere un piacere e un esaltazione del buon cibo, del bere e del buon pasto! Quando il vino viene riscaldato, il contenuto alcolico così come i solfiti scompaiono, lasciando solo l'essenza a conferire un sapore sottile.

La prima e più importante regola: usa solo vini nella tua cucina o bevande che berresti. Non usare mai vino che NON BERERESTI! Se non ti piace il sapore di un vino, non ti piacerà il piatto e la bevanda in cui scegli di usarlo.

Non usate i cosiddetti "vini da cucina!" Questi vini sono tipicamente salati e includono altri additivi che influiscono sul gusto del piatto e del menu scelti. Il processo di cottura / riduzione farà emergere il peggio in un vino inferiore.

Il vino ha tre usi principali in cucina: come ingrediente per la marinata, come liquido di cottura e come aromatizzante in un piatto finito.

La funzione del vino in cucina è intensificare, esaltare e accentuare il sapore e l'aroma del cibo, non per mascherare il sapore di ciò che si sta cucinando, ma piuttosto per fortificarlo.

Per ottenere i migliori risultati, il vino non deve essere aggiunto a un piatto appena prima di servire. Il vino dovrebbe cuocere a fuoco lento con il cibo, o la salsa, per esaltarne il sapore. Dovrebbe cuocere a fuoco lento con il cibo o nella salsa durante la cottura; man mano che il vino cuoce, si riduce e diventa un estratto che aromatizza.

Ricorda che il vino non appartiene a tutti i piatti. Più di una salsa a base di vino in un unico pasto può essere monotona. Usare il vino sta cuocendo solo quando ha qualcosa da contribuire al piatto finito.

1. Cozze infuse con vino e zafferano

INGREDIENTI

- 2 cipolle, sbucciate e tagliate a metà
- 2 peperoncini rossi, privati del gambo
- 2 cucchiai di olio d'oliva
- 1/2 cucchiaino di fili di zafferano, ammollati in 2 cucchiai di acqua calda
- 300 ml di vino bianco secco

- 500 ml di brodo di pesce
- 2 cucchiai di concentrato di pomodoro
- Fiocchi di sale marino e pepe nero macinato fresco
- 1 kg di cozze fresche, barbe rimosse e pulite
- Diversi rametti di timo

Indicazioni:

a) Aggiungere le cipolle e i peperoncini al processore.

b) Mettere la padella a fuoco medio basso, aggiungere le cipolle e i peperoncini e cuocere mescolando per 5 minuti finché le cipolle non brillano e si ammorbidiscono

c) Aggiungere la miscela di fili di zafferano e cuocere 30 secondi. Aggiungere il vino, il brodo di pesce, il concentrato di pomodoro e condire bene con sale e pepe. Portare a ebollizione, abbassare la fiamma e cuocere a fuoco lento per 5 minuti

d) Alzare la fiamma al massimo, quando la salsa sarà bollente aggiungere le cozze e i rametti di timo. Coprire con il coperchio e cuocere 3-5 minuti, scuotendo di tanto in tanto la padella, fino a quando le cozze non si saranno aperte

e) Servire subito con crosta di pane

2.   Capesante in salsa di vino

Ingrediente

- 2 libbre   Capesante

- 2 cucchiaiOlio d'oliva

- ¼ cucchiaio   Fiocchi di peperoncino

- 2   Spicchi d'aglio; tritato

- 1 cucchiaio   vino bianco

- 1 cucchiaio   Curry in polvere

- 1 piccolo Pomodoro; pelati, privati dei semi e tritati

- $\frac{1}{4}$ di tazza   Crema pesante

- 2 cucchiaisalsa di tabasco

- Sale e pepe a piacere

- 1 cucchiaio di prezzemolo; tritato

a) Versare un po 'di olio d'oliva in una delle padelle
   sulla parte superiore della gamma. Quindi
   aggiungere i fiocchi di peperone rosso, l'aglio e il
   vino bianco. Aggiungi tutte le capesante di mare
   nella padella. Copri la padella e lascia cuocere le
   capesante a fuoco medio / alto finché le capesante
   non diventano sode e opache.

b) Togli la padella dal fuoco e trasferisci le capesante
   in una grande ciotola da portata. Aggiungi 1
   cucchiaio. l'olio e il curry in polvere in una piccola
   casseruola e cuocere per 1-2 minuti.

c) Aggiungere il liquido di capesante riservato alla
   casseruola di olio e curry filtrando $\frac{3}{4}$ tazza di esso
   attraverso una garza o un filtro da caffè. Nella
   stessa casseruola, aggiungere i pezzi di pomodoro,
   la panna, il tabasco, il sale, il pepe e il prezzemolo e
   scaldare per 2 o 3 minuti.

3. Bistecche di halibut con salsa al vino

Ingrediente

- 3 cucchiai Scalogno; tritato

- 1 ½ libbra di bistecche di halibut; Spessore 1 pollice, tagliato in un pezzo da 4 pollici

- 1 tazza di vino bianco secco

- 2 pomodori medi prugna; tritato

- ½ cucchiaino di dragoncello essiccato

- ¼ di cucchiaino di sale

- ⅛ cucchiaino di pepe

- 2 cucchiaiOlio d'oliva

a) Preriscalda il forno a 450 gradi. Cospargere lo scalogno sul fondo di una pirofila da 1 ½ a 2 quarti. Mettere il pesce in una teglia bassa e versare il vino.

b) Cospargere il pomodoro tritato, il dragoncello, il sale e il pepe sul pesce. Condisci con l'olio.

c) Cuocere da 10 a 12 minuti, finché il pesce non sarà completamente opaco. Rimuovere il pesce con una spatola a fessura su un piatto da portata e staccare la pelle.

d) Metti la teglia (se di metallo) su un fornello o versa il liquido e le verdure in una piccola casseruola. Far bollire a fuoco alto fino a quando la salsa si riduce leggermente, da 1 a 2 minuti. Versare la salsa sul pesce e servire.

4. Involtini di carne greci in salsa di vino

Ingrediente

- 2 libbre   Carne macinata magra o tacchino

- 4 fette   Pane tostato bianco secco, sbriciolato

- Cipolla e Aglio

- 1   Uovo, leggermente sbattuto

- 1 cucchiaio di zucchero

- Un pizzico di sale, cumino, pepe nero

- Farina (circa 1/2 C.)

- 1 lattina (12 once) di concentrato di pomodoro

- 1½ tazza di vino rosso secco

- 2 cucchiaini di sale

- Riso al vapore

- Prezzemolo tritato

a) Mescolare gli ingredienti secchi fino a quando sono ben amalgamati e sodi.

b) Inumidire le mani in acqua fredda e modellare cucchiai della miscela di carne in rotoli (tronchetti) lunghi circa 2 ½ "a 3". Cospargere leggermente ogni rotolo di farina.

c) In una padella profonda, scaldare circa ½ "di olio e rosolare i rotoli pochi alla volta, facendo attenzione a non riempirli. Togliere i rotoli dorati su carta assorbente per scolare.

d) In un forno olandese, sbatti insieme il concentrato di pomodoro, l'acqua, il vino, il sale e il cumino. Aggiungi gli involtini di carne alla salsa. Coprire e cuocere a fuoco lento per 45 minuti a un'ora, finché gli involtini di carne non sono cotti. Assaggiare la salsa e aggiungere sale se necessario.

5.   Lenticchie con verdure glassate

Ingrediente

- 1½ tazza di lenticchie verdi francesi; ordinato e risciacquato

- 1 cucchiaino e mezzo di sale; diviso

- 1 foglia d'alloro

- 2 cucchiaini di olio d'oliva

- Cipolla, sedano, aglio

- 1 cucchiaio di concentrato di pomodoro

- ⅔ tazza di vino rosso secco

- 2 cucchiaini di senape di Digione

- 2 cucchiai di burro o olio extravergine di oliva

- Pepe macinato fresco a piacere

- 2 cucchiaini di prezzemolo fresco

a) Mettere le lenticchie in una casseruola con 3 tazze d'acqua, 1 cucchiaino. sale e la foglia di alloro. Portare ad ebollizione.

b) Nel frattempo, scalda l'olio in una padella media. Aggiungere la cipolla, la carota e il sedano, condire con $\frac{1}{2}$ cucchiaino. Salare e cuocere a fuoco medio-alto, mescolando spesso, finché le verdure non saranno dorate, circa 10 minuti. Aggiungere l'aglio e il concentrato di pomodoro, cuocere ancora per 1 minuto e poi bagnare con il vino.

c) Portare a ebollizione, quindi abbassare la fiamma e cuocere a fuoco lento, coperto, finché il liquido non sarà sciropposo.

d) Incorporare la senape e aggiungere le lenticchie cotte insieme al loro brodo.

e) Cuocere a fuoco lento fino a quando la salsa è per lo più ridotta, quindi incorporare il burro e condire con pepe.

6. Ippoglosso in salsa di verdure

Ingrediente

- 2 libbre Halibut

- $\frac{1}{4}$ di tazza di farina

- $\frac{1}{2}$ cucchiaino di sale

- Pepe bianco

- 1 cucchiaio di prezzemolo tritato

- $\frac{1}{4}$ di tazza di olio d'oliva

- **1** Spicchio d'aglio schiacciato

- **1** Cipolla grande tritata

- **1** Carota grattugiata

- **2** Gambi di sedano tritato

- 1 pomodoro tritato grande

- $\frac{1}{4}$ di tazza di acqua

- $\frac{3}{4}$ bicchiere di vino bianco secco

a) Unire farina, sale, pepe e prezzemolo; irrorare il pesce con il composto di farina. Scaldare l'olio d'oliva in una padella; aggiungere l'halibut e friggere fino a doratura su entrambi i lati.

b) Togliere dalla padella e mettere da parte. Aggiungere l'aglio, la cipolla, la carota e il sedano nella padella; rosolare per 10-15 minuti, finché sono teneri. Aggiungere il pomodoro e l'acqua, cuocere a fuoco lento per 10 minuti.

c) Togli la salsa dal fuoco e versa nel frullatore; purea. Mescolare il vino. Torna alla padella; metti il pesce in salsa. Copri e fai sobbollire per 5 minuti.

7. Salsicce alle erbe al vino

Ingrediente

- $\frac{1}{2}$ libbre   Salsiccia Dolce Italiana

- $\frac{1}{2}$ libbre   Salsiccia piccante italiana

- $\frac{1}{2}$ libbre   Lielbasa

- $\frac{1}{2}$ libbre   Bockwurst (Salsiccia Di Vitello)

- 5 Cipolle Verdi, Tritate

- 2 tazze di vino bianco secco

- 1 cucchiaio di foglie di timo fresco tritate

- 1 cucchiaio di prezzemolo fresco tritato finemente

- $\frac{1}{2}$ cucchiaino di salsa al pepe tabasco

a) Taglia le salsicce a pezzi da $\frac{1}{2}$ pollice. In una padella profonda a fuoco medio, cuocere la salsiccia italiana per 3-5 minuti o fino a quando non sarà leggermente dorata. Scolare il grasso. Aggiungere la restante salsiccia e le cipolle verdi e cuocere per altri 5 minuti.

b) Abbassa la fiamma, aggiungi gli altri ingredienti e fai sobbollire per 20 minuti, mescolando di tanto in tanto. Servire subito o tenere in caldo in uno scaldavivande. Servire con stuzzicadenti.

8. Involtini di pesce al vino bianco

Ingrediente

- ⅔tazza di uva verde senza semi, dimezzata

- $\frac{3}{4}$ bicchiere di vino bianco secco

- Quattro; (Da 6 a 8 once)

- passera senza pelle

- ⅓tazza Foglie di prezzemolo fresco tritato

- 1 cucchiaio di timo fresco tritato

- $\frac{1}{4}$ di tazza di cipolla tritata

- 2 cucchiai di burro non salato

- 1 cucchiaio di farina 00

- $\frac{1}{4}$ di tazza di panna

- 1 cucchiaino di succo di limone fresco

a) In un pentolino fate macerare le metà dell'uva nel vino per 1 ora.

b) Tagliare a metà i filetti nel senso della lunghezza, condirli con sale e pepe e cospargere le parti pelate con il prezzemolo e il timo. Arrotolate ogni metà di filetto con 1 dell'uva riservata al centro e fissatela con un piccone di legno.

c) In una piccola casseruola cuocere la cipolla nel burro, incorporare la farina e cuocere il roux.

d) Aggiungere la panna, l'uva macerata, il succo di limone, aggiustare di sale e pepe e far bollire la salsa mescolando per 3 minuti.

e) Eliminare l'eventuale liquido accumulato nel piatto, dividere gli involtini di pesce in 4 piatti riscaldati e versarvi sopra la salsa.

9. Tofu alle erbe in salsa di vino bianco

Ingrediente

- 2 cucchiaimargarina (di soia)

- 1 cucchiaio e mezzo   Farina

- $\frac{1}{2}$ tazza   (latte di soia

- $\frac{1}{2}$ tazza   vino bianco

- 1   Uno spicchio di cipolla lasciato in uno

- Pezzo (non tollero molto

- Cipolla, quindi io

- Usato circa 4 cm x 2 cm

- Cuneo)

- 1 trattino Chiodi di garofano

- 1 trattino sale

- X Un po 'd'acqua

- $\frac{1}{2}$ libbre O almeno così tofu alle erbe, a cubetti

- (circa 1,5 cm cubi)

- X La tua pasta preferita, basta

a) Sciogliere la margarina in padella e mescolare nella farina. Lascia raffreddare un po 'e poi aggiungi il vino e il latte (di soia).

b) Aggiungere la cipolla, i chiodi di garofano e il sale alla salsa e mescolare a fuoco basso fino a quando la salsa è leggermente addensata. Se diventa troppo denso, aggiungi dell'acqua. Aggiungere il tofu e cuocere a fuoco lento mentre si cucina la pasta.

c) Servire tofu e salsa sulla pasta, dando la cipolla alla persona a cui piace di più.

10. Polpo alla griglia in marinata al vino rosso

Ingrediente

- 2 Polpo pulito da 1 1/2 libbra

- Carote, sedano e cipolla

- 2 Foglie di alloro

- 2 cucchiaini di sale

- Pepe nero intero in grani e timo essiccato

- 2 tazze di vino rosso

- 3 cucchiai di olio extravergine di oliva

- 3 cucchiai di aceto di vino rosso

- 3 cucchiai di vino rosso secco

- Sale, pepe nero macinato fresco

- 1 tazza di brodo di polpo filtrato

- $\frac{1}{4}$ di tazza di olio extravergine di oliva

- 1 cucchiaio di succo di limone

- 2 cucchiai di burro

a) In una grande casseruola unire il polpo, le carote, il sedano, la cipolla, le foglie di alloro, il sale, il pepe, il timo, il vino rosso e l'acqua. Portare a ebollizione lenta.

b) Fare la marinata: in una piccola ciotola unire gli ingredienti della marinata. Versare sopra il polpo e mescolare per ricoprire.

c) Preparare la salsa: in un pentolino unire il brodo filtrato, l'olio d'oliva, il succo di limone e l'aceto. Mescolare il prezzemolo.

d) Grigliare 4 minuti, girando frequentemente, fino a quando leggermente carbonizzato e riscaldato. Seve.

11. Piantaggine dolci al forno nel vino

Ingrediente

- 4 pezzi   Piantaggine molto mature

- 1 tazza   Olio d'oliva

- ½ tazza   zucchero di canna

- ½ cucchiaino   Cannella in polvere

- 1 tazza   Vino Sherry

a) Preriscalda il forno a 350F. Rimuovere la buccia dai platani e tagliarli a metà nel senso della lunghezza.

In una padella larga, scaldare l'olio a fuoco medio e aggiungere i platani.

b) Cuocili fino a quando saranno leggermente dorati su ciascun lato. Mettetele in una grande pirofila e cospargetele di zucchero. Aggiungere la cannella e coprire con il vino. Cuocere per 30 minuti o finché non assumono una tonalità rossastra.

12. Pasta al limone e salsa al vino bianco

Ingrediente

- 1 ½ libbra di pasta; la tua scelta

- 1   Petto di pollo intero; cotto, julienne

- 10 once di asparagi; sbollentate

- ¼ di tazza di burro

- ½ cipolla piccola

- 4 cucchiai di farina 00

- 2 tazze di vino bianco secco

- 2 tazze di brodo di pollo

- 12 cucchiaini di scorza di limone

- 1 cucchiaio di timo fresco; tritato

- 1 cucchiaio di aneto fresco; tritato

- 3 cucchiai di senape di Digione

- Sale e pepe; assaggiare

- Formaggio Parmigiano; grattugiato

a) Cuocere la pasta e tenere premuto Cuocere il petto di pollo e sbollentare gli asparagi; tenere. Riscaldare il burro in una grande casseruola a fuoco medio-basso. Aggiungere la cipolla e rosolare ,finché non diventa leggermente dorata e molto morbida.

b) Aggiungere la farina e abbassare la fiamma al minimo. Mescola fino a completa miscelazione. Incorporare molto gradualmente il vino bianco e il brodo.

c) Portate a ebollizione la salsa e lasciate cuocere a fuoco lento per 10 minuti. Incorporare la scorza di limone, il timo, l'aneto, la senape e condire a piacere con sale e pepe bianco. Aggiungere il pollo cotto e tagliato alla julienne e gli asparagi.

13. Pasta con le cozze al vino

Ingrediente

- 1 libbra   Cozze (con il guscio)

- Vino bianco (quanto basta per riempire una grande
  casseruola poco profonda di circa 1/2 pollice)

- 2 grandi   Spicchi d'aglio, tritati finemente

- 2 cucchiaiOlio d'oliva

- 1 cucchiaino   Pepe macinato fresco

- 3 cucchiaiBasilico fresco tritato

- 1 grande Pomodoro, tritato grossolanamente

- 2 libbre Pasta

a) Lavare accuratamente le cozze, togliendo tutte le barbe e raschiando i gusci se necessario. Mettere in una casseruola con il vino.

b) Coprite bene e cuocete a vapore finché i gusci non si aprono. Mentre le cozze si raffreddano un po ', mettete il brodo di vino a fuoco medio e aggiungete l'aglio, l'olio d'oliva, il pepe, il pomodoro e il basilico.

c) Versare la salsa su linguine o fettuccine calde e servire!

14. Fettuccine al vino rosso e olive

Ingrediente

- 2½ tazza Farina

- 1 tazza   Farina di semola

- 2 Uova

- tazza   Vino rosso secco

- 1 Ricetta lumache alla marchigiana

a) Per preparare la pasta: fare una fontana con la
    farina e mettere al centro le uova e il vino.

b)   Con una forchetta sbattete insieme le uova e il vino
     e cominciate a incorporare la farina partendo dal
     bordo interno del pozzo.

c)   Inizia a impastare la pasta con entrambe le mani,
     usando i palmi delle mani.

d)   Stendere la pasta al livello più sottile sulla macchina
     per pasta. Tagliare la pasta in tagliatelle spesse $\frac{1}{4}$ di
     pollice a mano o con la macchina e mettere da parte
     sotto un asciugamano umido.

e)   Portare a ebollizione 6 litri di acqua e aggiungere 2
     cucchiai di sale. Scaldare la lumaca a ebollizione e
     mettere da parte.

f)   Immergere la pasta in acqua e cuocere finché non
     diventa tenera. Scolare la pasta e metterla nella
     padella con le lumache, mescolando bene per
     ricoprire. Servire subito in un piatto da portata
     caldo.

15. Orecchiette e pollo

Ingrediente

- 6 grandi   Cosce di pollo, disossate e pelate

- Sale e pepe nero appena macinato, quanto basta

- 2 cucchiai di olio d'oliva o di canola

- ½ libbre   Funghi Shiitake Freschi

- Cipolla, Aglio, Carote e Sedano

- 2 tazze di vino rosso sostanzioso

- 2 tazze di pomodori maturi, a dadini, senza semi

- 1 cucchiaino di timo fresco / salvia fresca

- 4 tazze di brodo di pollo

- ⅓ tazza di prezzemolo tritato finemente

- ½ libbre   Orecchiette, crude

- ¼ di tazza di basilico fresco tritato

- ¼ di tazza di pomodori secchi sgocciolati

- Rametti Di Basilico Fresco

- Asiago O Parmigiano Appena Rasato

a) Condire il pollo e rosolarlo velocemente a fuoco alto.

b) Aggiungere i funghi, la cipolla, l'aglio, le carote e il sedano e rosolare fino a doratura molto leggera. Rimettere il pollo nella padella e aggiungere il vino, i pomodori, il timo, la salvia e il brodo e portare a ebollizione. Mescolare il prezzemolo e tenere in caldo.

c) Prepara la pasta e servi. Guarnire con primavere di basilico e scaglie di formaggio.

16. Manzo con salsa portobello

Ingrediente

- 500 grammi di carne macinata magra

- $\frac{1}{2}$ Vino rosso secco

- $\frac{1}{2}$ cucchiaino di pepe; macinato grossolano

- 4 cucchiai di formaggio Roquefort o Stilton

- $\frac{3}{4}$ libbre Portobellos; (375 go 4 med)

a)   Carne rosolare 2-4 minuti per lato

b)   Versare $\frac{1}{2}$ tazza di vino e macinare generosamente
     il pepe sulle polpette.

c)   Ridurre la fiamma a media e cuocere a fuoco lento,
     scoperto, per 3 minuti. Girare le polpette,
     sbriciolare il formaggio e continuare a cuocere a
     fuoco lento fino a quando il formaggio inizia a
     sciogliersi, circa 3 minuti.

d)   Nel frattempo, separa i gambi dai cappucci dei
     funghi. Tagliare spesso i gambi e i cappelli.

e)   Aggiungere i funghi al vino in padella e mescolare
     costantemente fino a quando sono caldi.

f)   Disporre i funghi intorno alle polpette, quindi
     versare la salsa sopra.

17. Formaggio italiano e salsiccia al vino rosso

Ingrediente

- 4 libbre   Maiale, disossato, spalla o culo

- 1 cucchiaio   Semi di finocchio, macinati nel mortaio

- 2 Foglie di alloro, schiacciate

- $\frac{1}{4}$ di tazza   Prezzemolo tritato

- 5 Aglio, pressato

- $\frac{1}{2}$ cucchiaino   Pepe, rosso, fiocchi

- 3 cucchiaini   Sale, kosher

- 1 cucchiaino di pepe nero, macinato fresco

- 1 tazza di formaggio, parmigiano o romano, grattugiato

- $\frac{3}{4}$ bicchiere di vino, rosso

- 4 Budello di salsiccia (circa

a) Macina la carne nel robot da cucina o nel tritacarne Kitchen Aid per mixer. Mescolare tutti gli ingredienti e lasciare riposare per 1 ora in modo che i sapori possano fondersi.

b) Farcire la salsiccia negli involucri con l'accessorio per ripieno per salsicce Kitchen Aid o acquistare a mano con l'imbuto per salsicce.

18. Funghi e tofu al vino

Ingrediente

- 1 cucchiaio di olio di cartamo

- 2 ciascuno   Spicchi d'aglio, tritati

- 1 cipolla grande, tritata

- 1 $\frac{1}{2}$ libbra di funghi, affettati

- $\frac{1}{2}$ peperone verde medio, tagliato a dadini

- $\frac{1}{2}$ bicchiere di vino bianco secco

- $\frac{1}{4}$ di tazza di Tamari

- ½ cucchiaino di zenzero grattugiato

- 2 cucchiaini   olio di sesamo

- 1 cucchiaio e mezzo   Amido di mais

- 2 ciascuno   Dolci di tofu, grattugiato

- Mandorle tritate

a) Riscaldare il cartamo in un wok. Quando è caldo aggiungere l'aglio e la cipolla e rosolare a fuoco moderatamente basso fino a quando la cipolla è traslucida. Aggiungere i funghi, il peperone, il vino, il tamari, lo zenzero e l'olio di sesamo. Mescolare.

b) Sciogliere l'amido di mais in una piccola quantità di acqua e mescolare in una padella.

c) Mescolare il tofu, coprire e cuocere a fuoco lento per altri 2 minuti.

19. Zuppa di albicocche

Ingrediente

- 32 once di albicocche in scatola; non drenato

- 8 once   Panna acida

- 1 tazza di Chablis o vino bianco secco

- $\frac{1}{4}$ di tazza di liquore all'albicocca

- 2 cucchiai di succo di limone

- 2 cucchiaini di estratto di vaniglia

- $\frac{1}{4}$ di cucchiaino di cannella in polvere

a) Unire tutti gli ingredienti in un contenitore di frullatore elettrico o robot da cucina, frullare fino a che liscio.

b) Copri e lascia raffreddare bene. Versare la zuppa in ciotole individuali. Guarnire con altra panna acida e cannella in polvere.

20. Zuppa di funghi al vino rosso

Ingrediente

- 50 G; (2-3 once) burro, (da 50 a 75)

- 1 grande Cipolla; tritato

- 500 grammi   Funghi champignon; affettato (1
  libbra)

- 300 millilitri   Vino rosso secco; (1/2 pinta)

- 900 millilitri   Brodo vegetale; (1 1/2 pinte)

- 450 millilitri Doppia crema; (3/4 pinta)

- Un mazzetto di prezzemolo fresco; tritato finemente, per guarnire

a) Sciogliere 25 g di burro in una piccola padella a fuoco medio-basso e soffriggere la cipolla per 2-3 minuti, fino a renderla morbida, mescolando spesso.

b) Scalda altri 25 g di burro in una grande casseruola a fuoco medio-basso.

c) Aggiungere i funghi e friggerli per 8-10 minuti, fino a renderli morbidi.

d) Aggiungere il vino e cuocere per altri 5 minuti. Aggiungere il brodo e la cipolla e cuocere a fuoco lento, senza far bollire, per 15 minuti.

e) Quando è pronto per servire, riscaldare delicatamente la zuppa a fuoco basso e incorporare la panna.

21. Borleves (zuppa di vino)

Ingrediente

- 4 tazze   Vino rosso o bianco

- 2 tazze   acqua

- 1 cucchiaino   Scorza di limone grattugiata

- 8 ciascuno   Chiodi di garofano

- 1 ciascunoBastoncino di cannella

- 3 ciascuno   Tuorli d'uovo

- $\frac{3}{4}$ tazza   zucchero

a) Versare il vino e l'acqua nella casseruola.
    Aggiungere la scorza di limone grattugiata, i chiodi
    di garofano e la cannella. Cuocere a fuoco lento per
    30 minuti.

b) Togliere dal fuoco e scartare i chiodi di garofano e
    la stecca di cannella. Nella piccola terrina sbattete
    i tuorli con una frusta a filo. Aggiungete poco alla
    volta lo zucchero e continuate a sbattere fino a che
    non sia denso. Mescolare il composto di tuorlo
    d'uovo nella zuppa calda.

c) Rimettere la casseruola sul fuoco e portare a
    ebollizione. Non far bollire la zuppa o i tuorli d'uovo
    si mescoleranno. Servire in tazze calde.

22. Zuppa di ciliegie

Ingrediente

- 1 oncia   Può ciliegie rosse snocciolate

- 1 tazza e mezza acqua

- ½ tazza   zucchero

- 1 cucchiaio   Tapioca a cottura rapida

- $\frac{1}{8}$ cucchiaino   Chiodi di garofano

- $\frac{1}{2}$ tazza   Vino rosso secco

a) In una casseruola da 1 $\frac{1}{2}$ litro mescolare le ciliegie
    non scolate, l'acqua, lo zucchero, la tapioca e i
    chiodi di garofano. Lasciar riposare 5 minuti.
    Portate a ebollizione.

b) Riduci il calore; coprire e cuocere a fuoco lento per
    15 minuti, mescolando di tanto in tanto.

c) Togliere dal fuoco; mescolare nel vino. Coprire e
    raffreddare, mescolando di tanto in tanto. Per 6 a 8
    porzioni.

23. Zuppa di mele danese

Ingrediente

- 2 grandi Mele, private del torsolo, pelate

- 2 tazze d'acqua

- 1 Bastoncino di cannella (2 ")

- 3 Chiodi di garofano interi

- $\frac{1}{8}$ cucchiaino di sale

- $\frac{1}{2}$ tazza di zucchero

- 1 cucchiaio di amido di mais

- 1 tazza di prugne fresche, non pelate e affettate

- 1 tazza di pesche fresche, sbucciate e tagliate

- $\frac{1}{4}$ di bicchiere di Porto

a) Unisci le mele, l'acqua, la stecca di cannella, i chiodi di garofano e il sale in una casseruola medio-grande.

b) Mescolare lo zucchero e la maizena e aggiungerli al composto di mele frullato.

c) Aggiungere le prugne e le pesche e cuocere a fuoco lento fino a quando questi frutti sono teneri e il composto si è leggermente addensato.

d) Aggiungere il vino porto.

e) Top porzioni singole con una cucchiaiata di panna acida leggera o yogurt alla vaniglia magro.

24. Insalata di gelatina di mirtilli rossi

Ingrediente

- 1 confezione grande gelatina di lamponi

- $1\frac{1}{4}$ tazza di acqua bollente

- 1 barattolo grande di salsa di mirtilli interi

- 1 barattolo grande non sgocciolato schiacciato

- ananas

- 1 tazza di noci tritate

- $\frac{3}{4}$ tazza   Vino porto

- 8 once   Crema di formaggio

- 1 tazza   Panna acida

- Sciogliere la gelatina in acqua bollente. Mescolare bene la salsa di mirtilli rossi.

a) Aggiungere l'ananas, le noci e il vino. Versare in una pirofila di vetro da 9 x 13 pollici e lasciare raffreddare per 24 ore.

b) Quando è pronto per servire, mescolare la crema di formaggio fino a renderla morbida, aggiungere la panna acida e sbattere bene. spalmato sopra Jello.

25. Senape di Digione con erbe e vino

Ingrediente

- 1 tazza di senape di Digione

- ½ cucchiaino di basilico

- ½ cucchiaino di dragoncello

- ¼ di tazza di vino rosso

a)   Mescola tutti gli ingredienti.

b)   Mettere in frigorifero per una notte per mescolare
     i sapori prima dell'uso. Conservare in frigorifero.

26. Bucatini al Vino

ingredienti

- 2 cucchiai di olio d'oliva, diviso
- 4 salsicce di maiale all'italiana piccanti
- 1 scalogno grande, affettato
- 4 spicchi d'aglio, tritati
- 1 cucchiaio di paprika affumicata
- 1 pizzico di pepe di Caienna
- 1 pizzico di peperoncino tritato
- Sale qb
- 2 tazze di vino bianco secco,
- 1 (14,5 once) di pomodori a cubetti arrostiti

- 1 libbra di bucatini
- 1 cucchiaio di burro non salato
- 1/2 tazza di parmigiano grattugiato fresco
- 1/2 tazza di prezzemolo fresco tritato

Indicazioni:

a) In una pentola grande o in un forno olandese, scalda 1 cucchiaio di olio d'oliva a fuoco medio. Aggiungere la salsiccia e cuocere fino a doratura, circa 8 minuti.

b) Aggiungere l'aglio e cuocere ancora un minuto. Quando l'aglio è fragrante e dorato, aggiungere la paprika affumicata, il pepe di Caienna e i fiocchi di peperoncino. Condire con sale e pepe.

c) Sfumare la padella con il vino, raschiando eventuali pezzetti marroni dal fondo della padella.

d) Aggiungere i pomodori a cubetti arrostiti al fuoco e l'acqua e portare a ebollizione. Aggiungere i bucatini e cuocere.

e) Quando la pasta è cotta, incorporare la salsiccia messa da parte, il burro, il parmigiano e il prezzemolo tritato.

f) Condisci a piacere con sale e pepe e buon appetito!

27. Asparagi al vino

Ingrediente

- 2 libbre Asparago

- Acqua bollente

- $\frac{1}{4}$ di tazza di burro

- $\frac{1}{4}$ di tazza di vino bianco

- $\frac{1}{2}$ cucchiaino di sale

- $\frac{1}{4}$ di cucchiaino di pepe

a)   Lavare gli asparagi e staccare le estremità. Adagiare le lance in una padella bassa e coprire con acqua bollente salata per coprire. Portare a ebollizione e cuocere a fuoco lento per 8 minuti.

b)   Scolateli e trasformateli in stampini imburrati. Sciogliere il burro e mescolare con il vino. Versare sopra gli asparagi. Cospargere di sale, pepe e formaggio. Infornare a 425 'per 15 minuti.

28. Mostarda, costolette di selvaggina marinate al vino

Ingrediente

- 4 Costolette di caribù o di cervo

- $\frac{1}{4}$ di cucchiaino di pepe

- 1 cucchiaino di sale

- 3 cucchiai di senape macinata a pietra

- 1 tazza di vino rosso

a)   Strofina le costolette con la senape. Cospargere
     con sale e pepe. Coprite con il vino e lasciate
     marinare per una notte in frigorifero.

b)   Grigliare o grigliare a carbone a medio-raro
     imbastire con la marinata.

29. Ali di pollo con condimento al vino

Ingrediente

- 8 Ali di pollo

- $\frac{1}{4}$ di tazza di amido di mais

- 2 cucchiaini di sale

- 1 tazza di olio d'oliva

- 1 tazza di aceto di vino al dragoncello

- $\frac{3}{4}$ bicchiere di vino bianco secco

- $\frac{1}{2}$ cucchiaino di senape secca

- Basilico essiccato, dragoncello, origano e pepe bianco

- Olio per friggere

- Sale pepe

- 1 pomodoro piccolo

- $\frac{1}{2}$ peperone verde medio

- $\frac{1}{2}$ piccolo Cipolla tagliata a rondelle

a) Dragare il pollo nell'amido di mais mescolato con 2 cucchiaini di sale e pepe bianco.

b) Scaldare l'olio alla profondità di $\frac{1}{2}$ pollice in una padella pesante e friggere il pollo fino a quando non diventa dorato e tenero, circa 7 minuti su ciascun lato.

c) Per preparare il condimento, unire olio, aceto, vino, aglio, senape, zucchero, basilico, origano e dragoncello. Aggiustare di sale e pepe.

d) Unire le fette di pomodoro, il peperone verde e le fette di cipolla con il condimento e mescolare bene.

30. Oeufs en meurette

Ingrediente

- Scalogno; 6 pelati

- 2½ tazza di vino Beaujolais; più

- 1 cucchiaio di vino Beaujolais

- 2.00 Funghi bianchi; squartato

- 3.00 fette di pancetta; 2 tritate grossolanamente

- 4.00 fetta di pane francese

- 3,00 cucchiaio di burro; ammorbidito

- 2.00 spicchi d'aglio; 1 intero, schiacciato,

- Più 1 tritato finemente

- 1.00 Foglia di alloro

- $\frac{1}{2}$ tazza di brodo di pollo

- 1 $\frac{1}{4}$ cucchiaio di farina

- 1,00 cucchiaio   aceto di vino rosso

- 4.00 uova grandi

- 1,00 cucchiaio   Prezzemolo

a) Arrostire gli scalogni fino a dorarli bene, bagnandoli con $\frac{1}{2}$ bicchiere di vino. Aggiungere i funghi in padella; mettere sotto la griglia calda per 5 minuti, aggiungere la pancetta tritata grossolanamente e cuocere alla griglia.

b) Preparare i crostini: strofinare le fette di pane con uno spicchio d'aglio schiacciato e metterle su una teglia. Broil.

c) Cuocere le uova 2 minuti fino a quando non si sono solidificate.

d) Versare la salsa sulle uova, spolverare di prezzemolo e servire subito.

31. Risotto al vino rosso e funghi

Ingrediente

- 1 oncia di funghi porcini; essiccato

- 2 tazze di acqua bollente

- 1 $\frac{1}{2}$ libbra di funghi; cremini o bianchi

- 6 cucchiai di burro non salato

- 5$\frac{1}{2}$ tazza di brodo di pollo

- 6 once   Pancetta; Spessore 1/4 di pollice

- 1 tazza di cipolla; tritato bene

- Rosmarino e salvia freschi

- 3 tazze di riso Arborio

- 2 tazze di vino rosso secco

- 3 cucchiai di prezzemolo fresco; tritato bene

- 1 tazza di parmigiano reggiano; appena

a) In una piccola ciotola, immergere i porcini in acqua bollente per 30 minuti.

b) Cuocere la pancetta a fuoco moderato. Aggiungere i cremini o i funghi bianchi tritati finemente riservati, i restanti cucchiai di burro, cipolla, rosmarino, salvia, sale e pepe a piacere mescolando fino a quando la cipolla non si sarà ammorbidita. Mescolare il riso e cuocere.

c) Aggiungere 1 tazza di brodo bollente e cuocere, mescolando continuamente, fino a completo assorbimento.

32. Gazpacho al vino rosso

Ingrediente

- 2 fette   pane bianco

- 1 tazza   Acqua fredda; più se necessario

- 1 libbra   Pomodori grandi molto maturi

- 1   peperoncino

- 1 media   Cetriolo

- 1   Spicchio d'aglio

- $\frac{1}{4}$ di tazza   Olio d'oliva

- $\frac{1}{2}$ tazza   vino rosso

- 3 cucchiaiAceto di vino rosso; più se necessario

- Sale e pepe

- 1   Pizzica lo zucchero

- Cubetti di ghiaccio; (Per servire)

a) Mettete il pane in una ciotolina, versateci sopra l'acqua e lasciate in ammollo. Togliere il torsolo ai pomodori, tagliarli trasversalmente e raccogliere i semi. Taglia la polpa in grossi pezzi.

b) Frullate le verdure nel robot da cucina in due volte, aggiungendo all'ultima infornata l'olio d'oliva e il pane ammollato. Incorporate il vino, l'aceto, il sale, il pepe e lo zucchero.

c) Versare nelle ciotole, aggiungere un cubetto di ghiaccio e guarnire con una striscia annodata di buccia di cetriolo.

33. Riso e verdure al vino

Ingrediente

- 2 cucchiaiOlio

- 1 ciascunoCipolla tritata

- 1 media   Zucchine, tritate

- 1 media   Carota, grattugiata

- 1 ciascunoGambo di sedano tritato

- 1 tazza   Riso a grano lungo

- $1\frac{1}{4}$ tazza Brodo vegetale

- **1 tazza**   vino bianco

a) Scaldare l'olio in una casseruola e rosolare la cipolla. Aggiungere il resto delle verdure e mescolarle a fuoco medio, finché non saranno leggermente dorate.

b) Aggiungere il riso, il brodo vegetale e il vino bianco, coprire e cuocere per 15-20 minuti fino a quando tutto il liquido non sarà stato assorbito.

34. Baby salmone ripieno di caviale

Ingrediente

- ½ tazza di olio, oliva

- 1 libbra Ossa, salmone

- 1 libbra Burro

- 2 tazze Mirepoix

- 4 Foglie di alloro

- Origano, Timo, Pepe Bianco

- 4 cucchiai Purea, scalogno

- $\frac{1}{4}$ di tazza di cognac

- 2 tazze di vino, rosso

- 1 tazza di brodo, pesce

a) In una padella soffriggere l'olio d'oliva.

b) Aggiungere le ossa di salmone nella padella e rosolare per circa 1 minuto.

c) Aggiungere il burro (circa 2 cucchiai), 1 tazza di mirepoix, 2 foglie di alloro, $\frac{1}{4}$ cucchiaino di timo, $\frac{1}{4}$ cucchiaino di pepe in grani e 2 cucchiai di purea di scalogno. Aggiungi cognac e fiamma.

d) Sfumare con 1 tazza di vino rosso e cuocere a fuoco vivace per 5-10 minuti.

e) Sciogli il burro. Aggiungere 2 cucchiai di purea di scalogno, 1 tazza di mirepoix, 2 foglie di alloro, $\frac{1}{4}$ di cucchiaino di pepe in grani, $\frac{1}{4}$ di cucchiaino di origano, $\frac{1}{4}$ di cucchiaino di timo e 3 tazze di vino rosso.

f) Sfumare Filtrare e riservare.

35. Pilaf di riso all'aglio e vino

Ingrediente

- 1 scorza di 1 limone

- 8 spicchi d'aglio, pelati

- ½ tazza di prezzemolo

- 6 cucchiaiBurro non salato

- 1 tazza di riso normale (non istantaneo)

- 1¼ tazza di brodo di pollo

- ¾ tazza di vermut secco

- 1 sale e pepe qb

a) Tritate insieme la scorza di limone, l'aglio e il prezzemolo.

b) Riscaldare il burro in una pentola pesante da 2 qt. Cuocere la miscela di aglio molto delicatamente per 10 minuti. Incorporare il riso.

c) Mescolare a fuoco medio per 2 minuti. Unisci il brodo e il vino in una casseruola. Mescolare nel riso; aggiungere sale e pepe appena macinato.

d) Stendi un asciugamano sulla pentola e coprilo fino al momento di servire.

e) Servire caldo oa temperatura ambiente.

36. Fegato di agnello basco con salsa al vino rosso

Ingrediente

- 1 tazza di vino rosso secco

- 1 cucchiaio di aceto di vino rosso

- 2 cucchiaini di aglio fresco tritato

- 1 foglia d'alloro

- $\frac{1}{4}$ di cucchiaino di sale

- 1 libbra   Fegato di agnello

- 3 cucchiai di olio d'oliva spagnolo

- 3 fette   Pancetta tritata

- 3 cucchiai Tritato finemente italiano

- Prezzemolo

a) Unire vino, aceto, aglio, alloro e sale in una pirofila di vetro. Aggiungere il fegato e ricoprire bene con la marinata.

b) Aggiungere la pancetta e cuocere fino a doratura e croccante. Scolare su carta assorbente.

c) Rimuovere il fegato dalla marinata e asciugare tamponando. Far rosolare il fegato in padella sgocciolando per 2 minuti per lato. Rimuovere su un piatto riscaldato.

d) Versare la marinata in una padella calda e far bollire, scoperto, fino a ridurlo della metà. Cospargere i pezzi di pancetta sul fegato, versarvi sopra la marinata e cospargere di prezzemolo.

37. Brasato di manzo al barolo

Ingrediente

- 2 Spicchio d'aglio, tritato

- 3 ½ libbre di manzo, fondo tondo o mandrino

- Sale pepe

- 2 Foglie di alloro, fresche o essiccate

- Timo, essiccato, pizzico

- 5 tazze di vino, barolo

- 3 cucchiai di burro

- 2 cucchiai di olio d'oliva

- 1 Cipolla, media, tritata finemente

- 1 Carota, tritata finemente

- 1 Gambo di sedano, tritato finemente

- $\frac{1}{2}$ libbre Funghi, bianchi

a) Strofina l'aglio nella carne. Condire con sale e pepe. Metti la carne in una grande ciotola. Aggiungere le foglie di alloro, il timo e abbastanza vino per coprire la carne.

b) Sciogliere 2 cucchiai di burro con l'olio in una grande casseruola pesante. Quando il burro si schiude, aggiungere la carne. Far rosolare la carne su tutti i lati a fuoco medio.

c) Rimuovere la carne dalla casseruola. Aggiungere la cipolla, la carota e il sedano nella casseruola. Rosolare fino a quando non sarà leggermente dorato. Rimettere la carne nella casseruola. Versare la marinata riservata attraverso un colino sulla carne.

d) Sciogli 1 cucchiaio di burro in una padella media. Soffriggere i funghi a fuoco vivo fino a dorarli. Aggiungere i funghi alla carne e cuocere 5 minuti in più.

38. Scrod brasato al vino bianco

Ingrediente

- ¾ tazza di olio d'oliva; più

- 2,00 cucchiaio di olio d'oliva

- 1 ½ libbra di filetti di scrod; tagliare 2x 2 pezzi

- ¼ di tazza di farina per il dragaggio; condito con

- 1,00 cucchiaino di bayou blast

- 1,00 cucchiaino di aglio tritato

- $\frac{1}{2}$ tazza di pera o pomodorini

- $\frac{1}{4}$ di tazza di olive Kalamata; affettato

- 2.00 tazza   foglie di origano sciolte

- $\frac{1}{4}$ di tazza di vino bianco secco

- 1,00 cucchiaino di scorza di limone tritata

a) Immergi i pezzi di pesce nella farina condita, scrollando di dosso l'eccesso.

b) Mettere con cura tutti i pezzi di pesce nell'olio caldo e cuocere per 2 minuti.

c) In una padella larga soffriggere i restanti 2 cucchiai di olio d'oliva a fuoco medio. Aggiungere l'aglio tritato e cuocere per 30 secondi. Mettere il pesce nella padella con i pomodori, le olive Kalamata, l'origano fresco, il vino bianco, la scorza di limone, l'acqua, sale e pepe.

d) Coprite e cuocete per 5 minuti a fuoco medio. Servire la salsa con un mestolo sul pesce.

39. Calamari in umido

Ingrediente

- 16 piccoli Calamari, freschi

- $\frac{1}{4}$ di tazza di olio d'oliva, extravergine

- 1 cucchiaio di cipolla; tritato

- $\frac{1}{2}$ cucchiaio di aglio; tritato

- $\frac{1}{4}$ di cucchiaino di pepe rosso; schiacciato

- ⅓tazza di Chardonnay

- $\frac{1}{4}$ di tazza di brodo di pesce

- 3 ciascuno   Rametti di prezzemolo, italiano;
  tritato

- Sale pepe

a) Mondate e pelate i calamari se questo non è già
   stato fatto dal mercato del pesce. Riscaldare l'olio
   d'oliva in una padella a fuoco medio.

b) Soffriggere ,la cipolla, l'aglio e il peperoncino
   tritato per 30 secondi a fuoco medio-alto, quindi
   aggiungere i calamari a fette e tutti gli altri
   ingredienti.

c) Portare la padella a ebollizione e cuocere a fuoco
   lento per circa tre minuti, fino a quando la salsa si è
   ridotta di circa un terzo. Serve due antipasti o
   quattro antipasti.

40. Coda di bue brasata al vino rosso

Ingrediente

- 6 libbre   Coda di bue

- 6 tazze di vino rosso

- ½ tazza di aceto di vino rosso

- 3 tazze di cipollini o cipolline

- 1½ tazza di sedano, affettato

- 2 tazze di carote, affettate

- 1 cucchiaino di bacche di ginepro

- ½ cucchiaino di pepe nero in grani

- Sale kosher, pepe nero

- ⅓ tazza di farina

- ¼ di tazza di olio d'oliva

- ⅓ tazza di concentrato di pomodoro

- 2 cucchiai di prezzemolo

a) Metti le code di bue in una grande ciotola non reattiva. Aggiungere il vino, l'aceto, i cipollini, il sedano, le carote, le bacche di ginepro, i grani di pepe e il prezzemolo.

b) Rosolare le code di bue su tutti i lati nell'olio per 10-15 minuti.

c) Rimettere le code di bue nella padella con la marinata, le bacche di ginepro, i grani di pepe e 2 tazze di acqua, mescolare il concentrato di pomodoro fino a quando non si scioglie. Coprite e infornate per 2 ore.

d) Aggiungere le verdure messe da parte. Fai bollire e aggiusta il condimento

41. Pesce in casseruola di vino

Ingrediente

- 2 cucchiai di burro o margarina

- 1 media   Cipolla, affettata sottilmente

- ½ bicchiere di vino bianco secco

- 2 libbre   Filetti di halibut

- Latte

- 3 cucchiai di farina

- Sale pepe

- 8½ oncia Può piccoli piselli, scolati

- 1½ tazza di spaghetti cinesi fritti

a) Sciogli il burro. Aggiungere la cipolla e scaldare, scoperta, nel forno a microonde, 3 minuti. Aggiungere il vino e il pesce e scaldare.

b) Scolare i succhi della padella in un misurino e aggiungere abbastanza latte per preparare i succhi fino a raggiungere 2 tazze.

c) Sciogliere i 3 cucchiai di burro o margarina nel forno a microonde per 30 secondi.

d) Mescolare la farina, il sale e il pepe. Incorporare gradualmente la miscela liquida di pesce riservata.

e) Riscaldare, scoperto, nel forno a microonde per 6 minuti mescolando frequentemente fino a quando non si sarà addensato e liscio. Aggiungi i piselli alla salsa.

f) Aggiungere la salsa al pesce nella casseruola e mescolare delicatamente. Riscaldare, scoperto, nel forno a microonde per 2 minuti. Cospargere le tagliatelle sul pesce e scaldare. Servire

42. Braciole Di Maiale Alla Griglia Infuse Con Vino

Ingrediente

- 2 bottiglie (16 once) di vino rosso da cucina
  Holland House®
- 1 cucchiaio di rosmarino fresco tritato
- 3 spicchi d'aglio, tritati
- ⅓tazza di zucchero di canna confezionato
- 1 cucchiaino e mezzo di sale da cucina *
- 1 cucchiaino di pepe macinato fresco
- 4 (8 once) braciole di maiale tagliate al centro,
  spesse 3/4 di pollice

- 1 cucchiaino di ancho peperoncino in polvere **

Indicazioni

a) Versare il vino da cucina in un contenitore non metallico. Aggiungere lo zucchero, il sale e il pepe; mescolate fino a quando lo zucchero e il sale si saranno sciolti. Incorporare l'infuso di aromi raffreddato.

b) Mettere le costolette di maiale in salamoia in modo che siano completamente immerse.

c) Preriscaldare la griglia a fuoco medio-basso, 325-350 gradi F.

d) Grill 10 minuti; girare e grigliare 4-6 minuti.

e) Togliere, coprire con un foglio e lasciare riposare 5 minuti prima di servire.

43. Vino infuso di tè verde

INGREDIENTI:

- 8 cucchiaini colmi di tè verde a fogli mobili
- 1 bottiglia (750 ml) di Sauvignon Blanc
- Sciroppo semplice - Opzionale
- Soda Water o Lemonade - Opzionale

Indicazioni:

a) Infondere le foglie di tè direttamente nella bottiglia di vino, il modo più semplice per farlo è utilizzare un piccolo imbuto in modo che le foglie non vadano dappertutto.

b) Riponi il tappo o usa un tappo per bottiglia e poi riponilo in frigorifero per una notte o per un minimo di 8 ore.

c) Quando sei pronto per bere il vino, colare le foglie con un colino a rete e imbottigliare nuovamente.

d) Aggiungi sciroppo semplice e soda o limonata a piacere - facoltativo.

44. Daiquiri rinfrescante al vino

Ingrediente

- 1 lattina (6 once) di limonata congelata

- 1 confezione (10 once) di fragole congelate;
  leggermente scongelato

- 12 once di vino bianco

- Cubetti di ghiaccio

a) Mettere la limonata, le fragole e il vino nel frullatore.

b) Frulla leggermente. Aggiungere i cubetti di ghiaccio e continuare a frullare fino alla consistenza desiderata.

45. Cocktail di melone e fragole

Ingrediente

- 1   Melone di Charentals Oregon

- 250 grammi di fragole; lavato

- 2 cucchiaini di zucchero semolato

- 425 millilitri   Vino bianco secco o frizzante

- 2   Rametti di menta

- 1 cucchiaino di pepe nero; schiacciato

- succo d'arancia

a) Tagliate il melone a pezzi e privatelo dei semi.
Taglia a metà le fragole e mettile in una ciotola.
Rimuovere le palline di melone usando la parsienne e
metterle nella ciotola. spolverare con lo zucchero
semolato, la menta tritata e il pepe nero.

b) Versare sopra il succo d'arancia e il vino. Mescolare
con cura e conservare in frigorifero per 30 minuti a
1 ora.

c) Per la presentazione, posizionare il cocktail nei
gusci di melone o in un bicchiere da presentazione.

46. Vino ingioiellato luccicante

Ingrediente

- 1 gelatina al limone grande

- 1 tazza di acqua, bollente

- 1 tazza di acqua, fredda

- 2 tazze di vino rosato

- $\frac{1}{2}$ tazza di uva verde senza semi

- $\frac{1}{2}$ tazza di mirtilli freschi

- 11 once di spicchi di mandarino, scolati

- Foglie di lattuga

a) In una ciotola grande, sciogliere la gelatina in acqua
   bollente; mescolate con acqua fredda e vino. Lasciar
   raffreddare fino a quando non si è addensato ma
   non si è solidificato, per circa 1 ora e mezza.
   Incorporare uva, mirtilli e spicchi di mandarino.

b) Versare in stampini singoli o in uno stampo da 6
   tazze oliato. Mettete in frigorifero per circa 4 ore
   o fino a quando non si solidifica. Per servire
   sformare su piatti da portata rivestiti di lattuga.

47. Vino al rosmarino e tè nero

Ingrediente

- 1 Bottiglia chiaretto; O ... altro vino rosso corposo

- 1 litro di tè nero pref. Assam o Darjeeling

- $\frac{1}{4}$ di tazza di miele dolce

- ⅓tazza di zucchero; o da gustare

- 2 Arance tagliate a fettine sottili e senza semi

- 2 Bastoncini di cannella (3 pollici)

- 6 Chiodi di garofano interi

- 3 rametti di rosmarino

a) Versare il vino e il tè in una casseruola incorruttibile. Aggiungere il miele, lo zucchero, le arance, le spezie e il rosmarino. Riscaldare a fuoco basso fino a quando non fuma appena. Mescola fino a quando il miele si è sciolto.

b) Togli la padella dal fuoco, copri e lascia riposare per almeno 30 minuti. Quando è pronto per servire, riscaldare fino a quando non è appena fumante e servire caldo

48. Earl Grey Tea Spritzer

ingredienti

- 2 bustine di tè di Numi Aged Earl Grey
- 1 cestello di mirtilli
- Qualche rametto di menta fresca
- ½ tazza di sciroppo d'agave
- 1 bottiglia di spumante bianco
- 1 vassoio di cubetti di ghiaccio

Indicazioni

a) Portare ad ebollizione due tazze d'acqua e aggiungere le bustine di tè. Lasciatele in infusione per 10 minuti aggiungendo al composto lo sciroppo d'agave.

b) Mescolare una vaschetta di cubetti di ghiaccio nel composto e metterlo in frigo finché non si raffredda.

c) Una volta raffreddati, aggiungere la menta ei mirtilli a piacere, e lo spumante, quindi mescolare in una caraffa.

d) Godere!

49. Cioccolata calda al vino

INGREDIENTI

- $\frac{1}{2}$ tazza di latte intero
- $\frac{1}{2}$ tazza mezza e mezza - sostituire con parti uguali di latte intero e panna leggermente addensata, se non disponibile
- $\frac{1}{4}$ di tazza / 45 g di gocce di cioccolato fondente
- $\frac{1}{2}$ tazza di vino rosso secco - preferibilmente Shiraz
- Poche gocce di estratto di vaniglia
- 1 cucchiaio / 15 ml di zucchero

- Un pizzico di sale

Indicazioni:

a) Unire il latte intero, metà e metà, i bottoni /
    scaglie di cioccolato fondente, l'estratto di vaniglia
    e il sale in una casseruola a fuoco basso.

b) Mescola continuamente per evitare che il cioccolato
    sul fondo si bruci, fino a quando non si è
    completamente sciolto. Una volta bella e ben calda,
    toglierla dal fuoco e versarvi il vino. Mescolare bene.

c) Assaggia la cioccolata calda e regola la dolcezza con
    lo zucchero. Versare in una tazza di cioccolata calda
    e servire immediatamente.

50. Punch al vino di mirtillo rosso

Ingrediente

- 1½ quarto di gallone britannico Cocktail di succo di mirtillo rosso; raffreddato

- 4 tazze   Borgogna o altro vino rosso secco; raffreddato

- 2 tazze   Succo d'arancia non zuccherato; raffreddato

- Fette d'arancia; (opzionale)

a) Unisci i primi 3 ingredienti in una ciotola capiente; mescolare bene.

b) Guarnire con fettine d'arancia, se lo si desidera.

CONCLUSIONE

I creatori di ricette moderne passano molto tempo a pubblicizzare infusi fatti in casa, tinture e piatti a base di vino. E per una buona ragione: sciroppi e liquori personalizzati consentono alle barrette di creare cocktail d'autore che non possono essere sempre replicati. Per i gestori di bar e i proprietari che cercano di trarre il massimo dai margini operativi ridotti, è più economico realizzare qualcosa di "su misura" con gli ingredienti avanzati della cucina di un ristorante, piuttosto che pagare per offerte commerciali premade.

La maggior parte degli ingredienti può essere utilizzata per infondere il vino. Tuttavia, gli ingredienti che hanno un contenuto di acqua naturale, come la frutta fresca, tendono ad avere prestazioni migliori.

Tuttavia, la scelta è tua e la sperimentazione fa parte del divertimento. Qualunque cosa tu provi, i risultati saranno piacevoli!

CPSIA information can be obtained
at www.ICGtesting.com
Printed in the USA
BVHW091340210621
610125BV00005B/1256